LE
CONCORDAT DE 1801

ET LES
ARTICLES ORGANIQUES

PAR

JULES BAISSAC

Avec un appendice contenant le texte
de la déclaration
ecclésiastique de 1682 et celui du décret dogmatique de
l'infaillibilité

> Savez-vous ce que c'est que le Concordat que je viens de signer ? C'est la vaccine de la religion ; dans cinquante ans il n'y en aura plus en France.
>
> *(Paroles de Bonaparte à Cabanis.)*

PARIS

LIBRAIRIE SANDOZ ET FISCHBACHER

G. FISCHBACHER, SUCCESSEUR

33, RUE DE SEINE, 33

1879

CONCORDAT DE 1801

ET LES

ARTICLES ORGANIQUES

LE

CONCORDAT DE 1801

ET LES

ARTICLES ORGANIQUES

LE
CONCORDAT DE 1801

ET LES

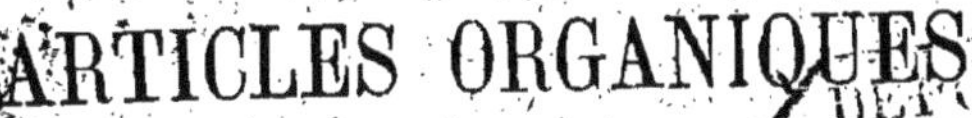

ARTICLES ORGANIQUES

PAR

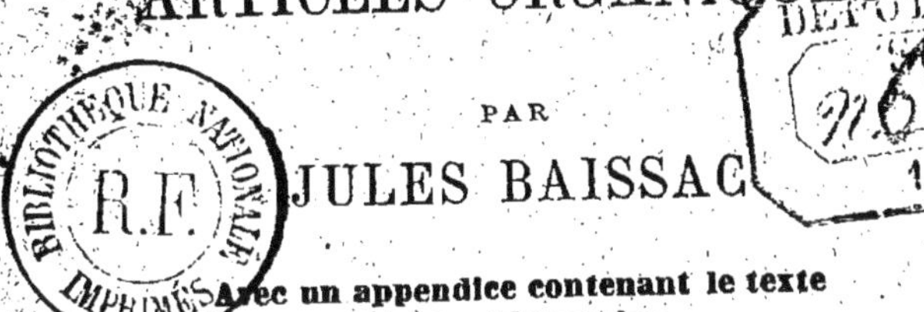

JULES BAISSAC

Avec un appendice contenant le texte
de la déclaration
ecclésiastique de 1682 et celui du décret dogmatique de
l'infaillibilité

> Savez-vous ce que c'est que le Concordat que je viens de signer? C'est la vaccine de la religion; dans cinquante ans il n'y en aura plus en France.
> *(Paroles de Bonaparte à Cabanis.)*

PARIS

LIBRAIRIE SANDOZ ET FISCHBACHER

G. FISCHBACHER, SUCCESSEUR

33, RUE DE SEINE, 33

1879

LE
CONCORDAT DE 1801

ET LES
ARTICLES ORGANIQUES

INTRODUCTION

Croyant répondre à une des grandes préoccupations de l'opinion publique, à l'heure présente, le gouvernement de la République a solennellement déclaré à plusieurs reprises, par ses organes les plus autorisés, sa ferme résolution de faire observer les lois concordataires. Dans ces déclarations, on n'a oublié qu'une chose, c'est de nous dire de quelle façon on compte s'y prendre pour ramener l'Église et là maintenir dans les limites de ce que l'État a encore la bonhomie de considérer comme des engagements qui la lient au même titre que lui.

Jetons un coup d'œil rapide sur ces fameuses lois, et voyons comment et dans quelle mesure le gouvernement est en état de mettre ses actes d'accord avec ses résolutions.

Les lois concordataires se composent de la convention (ou Concordat) passée à Paris, le 26 messidor an IX, entre le Pape et le gouvernement consulaire, et des articles organiques annexés à cette convention.

Le décret rendu par le Corps législatif, le 16 germinal an X, et sanctionné par le premier consul, porte ce qui suit : « La convention passée à Paris, le 26 messidor an IX (15 juillet 1801), entre le Pape et le gouvernement français,... ensemble les articles organiques de ladite convention,... seront promulgués et exécutés comme lois de l'Etat. »

Aux termes de ce décret, les articles organiques forment donc, avec le Concordat, un tout indivisible et sont lois de l'Etat au même titre.

Arrêtons-nous un instant sur chacun de ces deux actes et voyons quelles en sont réellement, au point de vue des doctrines aujourd'hui régnantes, la valeur intrinsèque et la force obligatoire.

PREMIÈRE PARTIE

LE CONCORDAT DE L'AN IX (1801)

Voici d'abord le texte de cette célèbre convention ; car, n'en déplaise aux doctrinaires du *Syllabus*, c'est bien d'une convention sans plus ni moins qu'il s'est agi entre le Pape et le premier consul :

Convention avec le Pape.

15 juillet 1801.

Le premier consul de la République française et Sa Sainteté le souverain pontife Pie VII ont nommé pour leurs plénipotentiaires respectifs :

Le premier consul, les citoyens Joseph Bonaparte, conseiller d'Etat ; Cretet, conseiller d'Etat, et Bernier, docteur en théologie, curé de Saint-Laud d'Angers, munis de pleins pouvoirs ; Sa Sainteté, Son Eminence Monseigneur Hercule Consalvi, cardinal de la sainte Eglise romaine, diacre de Sainte-Agathe *ad Suburram*, son secrétaire d'Etat ; Joseph Spina, archevêque de Corinthe, prélat domestique de Sa Sainteté, assistant du trône pontifical ; et le Père Caselli, théologien consultant de Sa Sainteté, pareillement munis de pleins pouvoirs en bonne et due forme ;

Lesquels, après l'échange des pleins pouvoirs respectifs, ont arrêté la convention suivante :

Le gouvernement de la République française reconnaît que la religion catholique, apostolique et romaine est la religion de la grande majorité des Français.

Sa Sainteté reconnaît également que cette même religion a retiré et attend encore en ce moment le plus grand bien et le plus grand éclat de l'établissement du culte catholique en France, et de la profession particulière qu'en font les consuls de la République.

En conséquence, d'après cette reconnaissance mutuelle, tant pour le bien de la religion que pour le maintien de la tranquillité intérieure, ils sont convenus de ce qui suit :

Art. Ier. La religion catholique, apostolique et romaine sera librement exercée en France ; son culte sera public, en se conformant aux règlements de police que le gouvernement jugera nécessaires pour la tranquillité publique.

Art. II. Il sera fait par le Saint-Siège, de concert avec le gouvernement, une nouvelle circonscription des diocèses français.

Art. III. Sa Sainteté déclarera aux titulaires des évêchés français qu'elle attend d'eux, avec une ferme confiance, pour le bien de la paix et de l'unité, toute espèce de sacrifices, même celui de leurs sièges.

D'après cette exhortation, s'ils se refusaient à ce sacrifice commandé par le bien de l'Eglise (refus néanmoins auquel Sa Sainteté ne s'attend pas), il sera pourvu, par de nouveaux titulaires, au gouvernement des évêchés de la circonscription nouvelle de la manière suivante:

Art. IV. Le premier consul de la République nommera, dans les trois mois qui suivront la publication de la bulle de Sa Sainteté, aux archevêchés de la circonscription nouvelle. Sa Sainteté conférera l'institution canonique, suivant les formes établies par rapport à la France avant le changement de gouvernement.

Art. V. Les nominations aux évêchés qui vaqueront dans la suite seront également faites par le premier consul, et l'institution canonique sera donnée par le Saint-Siège, en conformité de l'article précédent.

Art. VI. Les évêques, avant d'entrer en fonctions, prêteront directement, entre les mains du premier consul, le serment de fidélité qui était en usage avant le changement de gouvernement, exprimé dans les termes suivants :

« Je jure et promets à Dieu, sur les saints
« Evangiles, de garder obéissance et fidélité au
« gouvernement établi par la Constitution de la
« République française. Je promets aussi de n'a-
« voir aucune intelligence, de n'assister à aucun
« conseil, de n'entretenir aucune ligue, soit en
« dedans, soit en dehors, qui soit contraire à la
« tranquillité publique ; et si, dans mon diocèse
« ou ailleurs, j'apprends qu'il se trame quelque
« chose au préjudice de l'Etat, je le ferai savoir
« au gouvernement. »

Art. VII. Les ecclésiastiques du second ordre prêteront le même serment entre les mains des autorités civiles désignées par le gouvernement.

Art. VIII. La formule de prière suivante sera récitée à la fin de l'office divin, dans toutes les églises catholiques de France :

Domine, salvam fac Rempublicam.

Domine, salvos fac consules.

Art. IX. Les évêques feront une nouvelle circonscription des paroisses de leurs diocèses, qui n'aura d'effet que d'après le consentement du gouvernement.

Art. X. Les évêques nommeront aux cures.

Leur choix ne pourra tomber que sur des personnes agréées par le gouvernement.

Art. XI. Les évêques ne pourront avoir un chapitre dans leur cathédrale, et un séminaire pour leur diocèse, sans que le gouvernement s'oblige à les doter.

Art. XII. Toutes les églises métropolitaines, cathédrales, paroissiales et autres non aliénées, nécessaires au culte, seront remises à la disposition des évêques.

Art. XIII. Sa Sainteté, pour le bien de la paix et l'heureux rétablissement de la religion catholique, déclare que ni elle, ni ses successeurs, ne troubleront en aucune manière les acquéreurs dès biens ecclésiastiques aliénés; et qu'en conséquence, la propriété de ces mêmes biens, les droits et revenus y attachés demeureront incommutables entre leurs mains ou celles de leurs ayants cause.

Art. XIV. Le gouvernement assurera un traitement convenable aux évêques et aux curés, dont les diocèses et les paroisses seront compris dans la circonscription nouvelle.

Art. XV. Le gouvernement prendra également des mesures pour que les catholiques français puissent, s'ils le veulent, faire, en faveur des églises, des fondations.

Art. XVI. Sa Sainteté reconnaît, dans le premier consul de la République française, les mêmes droits et prérogatives dont jouissait près d'elle l'ancien gouvernement.

Art. XVII. Il est convenu entre les parties contractantes que, dans le cas où quelqu'un des successeurs du premier consul actuel ne serait pas catholique, les droits et prérogatives mentionnés dans l'article ci-dessus, et la nomination aux évêchés, seront réglés, par rapport à lui, par une nouvelle convention.

Les ratifications seront échangées à Paris dans l'espace de quarante jours.

Fait à Paris, le 26 messidor an IX.

Signé : Joseph Bonaparte, etc.

Nous ne nous attacherons pas ici à faire ressortir ce que renferme de contradictions l'acte qui précède. Pour quiconque sait un peu réfléchir, il doit paraître évident que, par l'article II et le second paragraphe de l'article III, le premier consul livrait l'épiscopat à la discrétion du Pape, ce qui n'impliquait rien moins, au fond, que les conséquences mêmes qu'a tirées plus tard le concile du Vatican. Par les articles IV et V, il s'interdisait l'exercice d'un droit qu'avaient eu Henri IV et Louis XIV, celui de faire administrer les diocèses en vertu de pouvoirs capitulaires par des évêques que le prince aurait nommés sans l'institution papale, et il souscrivait ainsi d'avance à sa propre condamnation du 10 juin 1811 : les politiques à expédients, qu'aucun principe ne dirige, comme était Napoléon Bonaparte, ne sauraient, du reste, en faire jamais d'autres. Pour le moment, la question que nous nous proposons d'examiner est celle de savoir jusqu'à quel point ce concordat, tout à l'avantage de la papauté, est tenu pour obligatoire, d'un côté comme de l'autre, par les opinions qui font autorité en ces matières.

Jusqu'à ces derniers temps il avait paru admis sans conteste que les conventions de la nature de celle dont il s'agit ici étaient, à l'égal de tous les autres actes de diplomatie, des contrats synallagmatiques passés entre deux puissances, d'ordre différent, il est vrai, mais également souveraines dans leur sphère respective, et les obligeant l'une et l'autre au même titre. Le conseil ecclésiastique réuni à Paris en novembre 1809 et dont faisaient partie, entre autres prélats, les cardinaux Fesch, Maury et Caselli, l'avait compris ainsi. Ce conseil, auquel on avait adjoint une commission civile où se trouvaient Portalis et Treilhard, décida, en effet, que la convention passée avec le Pape, le 26 messidor an IX, était bien un contrat synallagmatique que le Pape n'avait pas le droit d'enfreindre. Les ultramontains se sont depuis lors mis en tête de changer tout cela, comme ils ont changé bien d'autres choses, et leur opinion à cet égard a pris un tel pied dans la dogmatique de l'Église, que l'avis contraire n'ose plus se risquer que fort timidement dans les thèses de théologie. Ils dénient catégoriquement aux concordats et généralement à tous les actes passés entre le pouvoir spirituel et le pouvoir temporel le caractère de contrats bilatéraux. Leur doctrine, sur ce point, et les raisons dont ils l'étayent sont très nettement résumées dans un opuscule publié en 1871 par M. le vicomte Maurice de Bonald sous ce titre : *Deux questions sur le Concordat de 1801*. Voici ce qu'il dit :

« L'acte de 1801 ne peut être assimilé à un contrat,
« parce qu'il y a impossibilité radicale à ce qu'un
« contrat intervienne entre deux puissances, savoir la
« puissance spirituelle et la puissance temporelle,
« agissant comme telles, dont l'une est pouvoir et
« l'autre sujet, dont l'une commande à l'autre comme
« l'âme au corps ; et parce qu'il y a encore impossi
« bilité à ce que ce même contrat intervienne touchant
« la juridiction, c'est-à-dire un objet qui ne peut
« faire la matière d'une obligation. »

Inutile d'ajouter que ce que M. le vicomte Maurice

de Bonald dit du Concordat de 1801 s'applique à tous les actes de même espèce.

L'opuscule que nous venons de citer valut à son auteur les félicitations d'un grand nombre de théologiens et d'évêques, et, ce qui est plus significatif encore, un bref laudatif du Pape, qui le recommande comme mettant en pleine lumière le caractère original et spécifique des concordats : *cum… et oculis subjiciat nativam et peculiarem hujusmodi pactorum seu* INDULTORUM *indolem.* Il ressort de ce bref que, aux yeux du Pape lui-même, ces sortes de conventions, qu'on nomme concordats, ne sont en définitive que des indults pontificaux, soit de simples grâces ou dispenses du droit commun : *Hujusmodi pactorum seu* INDULTORUM.

Pour être tout à fait exact, nous devons dire que la doctrine de M. de Bonald a trouvé des contradicteurs, même à Rome, parmi les canonistes ; mais nous devons ajouter que, dans le débat, les doux yeux et les sourires du Vatican ont toujours été et sont encore pour ceux des controversistes qui soutiennent, conformément au bref susmentionné, que les concordats ne sont que des indults. Cette doctrine est, du reste, enseignée *ex professo* dans les établissements de Rome les plus renommés pour la pureté de leur foi, ceux dans lesquels la curie a placé sa plus grande confiance. Nous la trouvons exposée et affirmée avec une franchise qui ne laisse rien à désirer dans un livre récent du R. P. Liberatore, un des membres les plus en vue de la Compagnie de Jésus, livre qui a pour titre : « *L'Eglise et l'Etat dans leurs rapports mutuels.* » Notons que, au-dessous de ce titre, figurent, entre parenthèse, imprimés en petites majuscules, ces mots sacramentels : SUPERIORUM PERMISSU, ce qui nous autorise à considérer la célèbre Compagnie comme solidaire des idées émises par l'auteur.

D'après le R. P. Liberatore et les Jésuites, les concordats diffèrent des traités diplomatiques ordinaires en ce qu'ils ne sont point, comme ces derniers, passés entre deux nations distinctes ou entre deux souverains de peuples séparés, mais bien « entre deux autorités « suprêmes, lesquelles gouvernent, dans un ordre dis- « tinct, le même peuple, l'une au temporel, l'autre « au spirituel. Voilà pourquoi ce sont des conventions « tout à fait *sui generis.* » On ne peut dire, toujours d'après notre auteur et les Jésuites, que les concordats soient de véritables contrats bilatéraux, et cela pour deux raisons : la première, c'est qu'il est de l'essence des contrats d'être passés entre des contractants parfaitement égaux et indépendants. Or, c'est ce qui n'a point lieu dans les concordats : « Le prince temporel, « même comme tel, ne cesse d'être le sujet du souve- « rain pontife, et l'autorité politique de l'un ne cesse « d'être subordonnée à l'autorité spirituelle de l'autre, « et de même les questions sur lesquelles se fait l'ac- « cord ne cessent d'être subordonnées les unes aux

« autres. » La seconde raison est tirée de la nature
même des choses qui font l'objet des concordats.

L'objet propre des concordats est ce qu'on appelle
les matières mixtes, qui, relevant, par un de leurs
côtés, de l'autorité spirituelle, et, par l'autre, de
l'autorité temporelle, donnent lieu à des conflits de
juridiction : tels sont, par exemple, le mariage, l'administration des biens du clergé, la nomination aux
charges et offices ecclésiastiques, l'enseignement, etc.
Or, ces matières, en ce qui touche à leur côté spirituel,
auquel le côté temporel est subordonné, ne peuvent
faire l'objet d'un contrat. Ceci s'applique à plus forte
raison aux matières de l'ordre purement spirituel,
comme à tout ce qui concerne la juridiction ; car il y
a crime de simonie à traiter ainsi des choses sacrées.

La conclusion de tout cela, c'est que, dans la doctrine ultramontaine, les concordats ne sont ni des
contrats bilatéraux ni même des traités diplomatiques
proprement dits, mais, comme les définit le Père, aujourd'hui cardinal, Tarquini, « une législation ecclé-
« siastique spéciale, *octroyée* à un Etat par le souve-
« rain pontife sur les instances du chef de cet Etat, et
« confirmée par la promesse particulière de ce dernier,
« qui s'oblige à l'observer toujours. »

Peu importe, d'ailleurs, que la personne investie de
l'autorité politique à qui le Pape octroie cette législation spéciale soit elle-même catholique, schismatique,
hérétique ou même infidèle, sa situation personnelle

sur ce point ne change rien à la nature des choses qui sont l'objet du concordat, ni par conséquent à celle du concordat lui-même.

Au résumé, les concordats, entendus dans le sens ultramontain, ne sont que des concessions ou indults que le Pape, pour des motifs dont il est seul juge, octroie à un chef d'Etat en faveur de qui il consent à déroger, sur certains points de discipline, au droit commun. Emanant de l'autorité suprême du vicaire de J.-C., ces concessions, relativement à ceux à qui elles ont été octroyées, sont des lois ecclésiastiques qui lient irrévocablement leur conscience, mais, en ce qui concerne le Pape, ce sont de pures grâces, qu'il est, néanmoins, de sa loyauté de maintenir aussi longtemps que subsistent les raisons pour lesquelles il les a accordées ; dans le cas contraire, c'est son droit et son devoir de les retirer. Le malheur des temps, suivant le langage même employé dans un bref papal de 1804, peut mettre le souverain pontife dans la triste nécessité de déroger aux principes les plus sacrés; mais, avec des temps meilleurs, le chef de l'Eglise est tenu de reprendre les droits dérivant de ces principes, de sorte que, en traitant avec lui, on se trouve toujours, quoi qu'il soit stipulé, devant une réserve implicite. Le Pape étant placé par là en dehors du droit commun, il n'y a pas possibilité pour le pouvoir civil de traiter sérieusement avec lui, à moins de vouloir, d'un cœur léger, jouer le rôle de dupe.

Et qu'on ne croie pas que nous exagérions les doctrines des ultramontains ; nous n'avançons rien ici qui ne soit formellement enseigné par le P. Liberatore et tous les théologiens de son école. Il est évident, d'ailleurs, que leur doctrine particulière, sur le point en question, n'est qu'un corollaire de leur doctrine générale sur le gouvernement de l'Eglise et la subordination complète du pouvoir temporel au pouvoir spirituel, doctrine qui a trouvé dans la définition dogmatique de l'infaillibilité papale son expression suprême et son triomphe définitif.

D'après les principes de l'enseignement catholique, le concile du Vatican, en proclamant l'infaillibilité personnelle et séparée du chef de l'Eglise, n'a pas créé une vérité nouvelle ; il n'a fait qu'ériger en article de foi une vérité qui, bien que clairement contenue dans l'Ecriture et la tradition, n'avait pas encore été définie et pouvait, par conséquent, être contestée sans que l'on fût pour cela hérétique.

Il ressort de là, évidemment que les papes qui ont occupé la chaire de Saint-Pierre avant le concile du Vatican jouissaient des privilèges de l'infaillibilité au même degré et au même titre que Pie IX et Léon XIII, et que pourront en jouir leurs futurs successeurs, d'où la conséquence, que les jugements dogmatiques prononcés par eux doivent être tenus pour souverains et irréformables tout autant que les leurs. Pour avoir donc d'une manière certaine la doctrine orthodoxe touchant les rapports du spirituel et du temporel, il faut la prendre telle qu'elle est enseignée dans les actes dogmatiques des papes, et ne se préoccuper en aucune sorte des circonstances de personnes et de temps, attendu que la vérité catholique doit être une et invariable. Ici, nous n'avons que l'embarras du choix. Forcés d'être brefs, arrêtons-nous de préférence à la bulle *Unam sanctam...*, qui est comme l'Evangile des ultramontains.

« Il est, dit le P. Liberatore, des publicistes de
« l'école libérale qui s'irritent d'entendre appeler
« cette bulle dogmatique. Mais elle l'est évidemment,
« soit en raison de sa matière, soit en raison de l'au-
« torité dont elle émane. Le Pape y parle de l'Eglise
« universelle, en sa qualité de docteur, sur des points
« doctrinaux de la plus haute importance, comme est
« certainement celui des relations de l'Eglise et de
« l'Etat. Enfin, il termine sa bulle par une définition
« expresse : *Subesse Romano Pontifici omnem humanam*
« *creaturam declaramus, definimus et pronunciamus*
« *omnino esse de necessitate salutis.* Quant à son autorité,
« elle a d'abord celle de Boniface VIII, suffisante par
« elle-même, et de plus celle de Léon X, qui la con-
« firma... Enfin, elle a l'approbation d'un concile
« œcuménique, qui fut le cinquième de Latran... Or,
« continue notre auteur, une bulle qui est sanctionnée
« par deux papes avec l'approbation d'un concile
« œcuménique, et qui renferme une définition solen-

« nelle, est sans contredit une bulle dogmatique. »

Voici maintenant ce qu'enseigne Boniface VIII dans la bulle précitée. Nous continuons à copier le P. Liberatore : « Le saint Père commence par établir l'unité de « l'Eglise, cette grande et universelle société, dans la « quelle tous les chrétiens ne forment qu'un seul « corps. De ce corps, qui est un, une doit être absolu « ment la tête ; et cette tête, invisiblement c'est le « Christ, visiblement c'est son vicaire sur terre, le « Pontife romain, à qui J.-C. lui-même a confié l'of « fice de pasteur suprême de l'Eglise. Mais si une est « la tête, *il faut que tout ce qui se trouve dans ce corps* « *ou lui appartient de quelque manière lui soit soumis.* « Il faut donc que le glaive matériel, symbole du pou « voir civil, soit subordonné au glaive spirituel, sym « bole du pouvoir ecclésiastique. Ainsi l'exigent indis « pensablement et le bon ordre et le rapport voulu « des choses, dont c'est une loi divine que les infé « rieures soient soumises aux moyennes et celles-ci aux « supérieures. Or, ce n'est ignoré de personne que la « puissance ecclésiastique dépasse autant en noblesse « et en dignité la puissance terrestre, quelle qu'elle « soit, que les intérêts spirituels surpassent les inté « rêts temporels.

« Cette décision, ajoute notre auteur, est péremp « toire, et l'on ne peut la rejeter sans cesser d'être « catholique. »

On sait quel mépris superbe Grégoire VII affectait

pour le pouvoir temporel. A l'entendre, « les rois et
les princes ont leur origine dans des hommes qui,
ignorant Dieu et inspirés par le démon, cherchèrent
à dominer leurs semblables. » Ainsi la royauté procède
de l'esprit du mal, tandis que la papauté « est une dignité que la Providence a créée pour son honneur et
qu'elle a donnée au monde dans sa miséricorde. »

Innocent III a dit, de son côté, « que le sacerdoce
est institué de Dieu, et la royauté par usurpation humaine. Les princes ont pouvoir sur la terre, les prêtres ont pouvoir sur la terre et au ciel. Les rois ont
action sur les corps, les prêtres sur le corps et sur
l'âme. » Il a dit encore que le pouvoir spirituel l'emporte autant sur le pouvoir temporel que le soleil
l'emporte sur la lune.

Partant de cette comparaison, les canonistes ont
calculé que le pouvoir du Pape est 1,744 fois plus
grand que celui de l'empereur. Un publiciste français
corrigea ce calcul et trouva que le Pape était 6,645
fois et 7/8 plus grand que le maître de l'empire.

Parmi les ultramontains, les uns professent dans
toute leur crudité les doctrines enseignées par Grégoire VIII, Innocent III, Boniface VIII, c'est-à-dire le
pouvoir direct du Pape sur le temporel avec toutes ses
conséquences. C'est l'ultramontanisme pur, qui absorbe
l'Etat dans l'Eglise et fait du vicaire de J.-C. le roi
des rois. Les autres rejettent le pouvoir direct sur le
temporel, mais ils admettent le pouvoir indirect, éma-

nant de la plénitude du pouvoir spirituel et embrassant tout ce qui touche à la religion et à la conscience. C'est l'ultramontanisme mitigé, dont le jésuite Bellarmin fut l'inventeur.

La différence entre ces deux opinions est plus apparente que réelle, car, comme l'a démontré Bossuet, elles aboutissent l'une et l'autre aux mêmes conclusions, la négation des droits les plus essentiels de l'Etat et sa subordination absolue au pouvoir spirituel. Aussi est-il vrai de dire qu'en poussant à la proclamation de l'infaillibilité papale, les ultramontains de l'une et l'autre catégorie ont poursuivi le même but, qui était d'ériger en articles de foi les doctrines pontificales sur les rapports du spirituel et du temporel. C'est ce qui ne pouvait échapper aux esprits attentifs.

Qu'on se reporte un instant par la pensée à cette année néfaste de 1870, et qu'on se rappelle l'émotion que causa au monde chrétien l'annonce que le concile du Vatican, subissant la pression d'une majorité ultramontaine violente, s'apprêtait à définir « le magistère infaillible du souverain pontife. » Tous les gouvernements comprirent que, par cet acte, le concile allait sanctionner la bulle *Quanta cura* et le *Syllabus*, cette déclaration de guerre du catholicisme ultramontain à la société moderne. Seul peut-être, parmi les hommes politiques de l'Europe, l'homme *au cœur léger*, qui dirigeait à ce moment les destinées de la France, ne sembla y rien comprendre. Pour empêcher que la question de l'infaillibilité ne fût mise en délibération, il n'aurait eu, les ultramontains eux-mêmes en conviennent, qu'à menacer la cour papale de retirer de Rome le drapeau de la France. L'idée lui en fut suggérée à plusieurs reprises, et par des dignitaires même du clergé. Le grand politique se contenta de sourire d'un air capable; il avait, lui aussi, son plan. Il entrait, aurait-il dit, dans ses vues que le concile du Vatican poussât les choses à l'extrême et proclamât l'infaillibilité pontificale; cela devait lui fournir un argument péremptoire pour la réalisation de l'un de ses rêves favoris, la séparation de l'Eglise et de l'Etat.

Les ultramontains, comme il fallait s'y attendre, ne s'endormirent pas sur leur victoire, ils en pressèrent les conséquences avec un ensemble, une habileté et une vigueur où se faisait partout sentir l'impulsion des Jésuites. Au fond, c'étaient eux qui avaient conduit toute la campagne, et c'étaient eux aussi qui devaient en recueillir tous les fruits.

Pour donner une idée des progrès qu'ont faits, durant ce dernier quart de siècle, les doctrines et l'esprit qu'elles personnifient, il suffira de citer deux faits.

Au concile du Vatican, les maximes françaises étaient représentées par un groupe qui se composait de la majorité des évêques d'Allemagne, d'Angleterre, des États-Unis, et de près de la moitié de ceux de

France. Ce groupe représentait incontestablement la partie la plus considérable à tous égards de la catholicité.

Voilà le premier fait, et voici le second.

Le 10 avril 1826, quatorze évêques, réunis à Paris sous la présidence du cardinal de Latil, archevêque de Reims, rédigèrent et signèrent une déclaration qui renfermait une adhésion implicite à l'ensemble de la déclaration de 1682, et explicite à l'article 1er de cet acte, qui consacre l'indépendance du pouvoir temporel vis-à-vis du pouvoir spirituel. Cette déclaration fut ensuite souscrite par les neuf dixièmes environ des autres évêques.

Voici en quels termes y est flétrie la doctrine qui subordonne le pouvoir temporel au pouvoir spirituel, doctrine qui venait de faire sa réapparition en France avec les Jésuites et dont Lamennais, à la suite de Joseph de Maistre, s'était fait le bruyant champion :

« Mais ce qui étonne et afflige le plus, c'est la témérité
» avec laquelle on cherche à faire revivre une opinion
« née autrefois du sein de l'anarchie et de la confusion
« où se trouvait l'Europe, *constamment repoussée par le*
« *clergé de France* et tombée dans un oubli presque
« universel ; opinion qui rendrait les souverains dé-
« pendants de la puissance spirituelle, même dans
« l'ordre politique, au point qu'elle pourrait, dans
« certains cas, délier leurs sujets du serment de fidé-
« lité...., doctrine qui n'a aucun fondement, ni dans

« l'Evangile, ni dans les traditions apostoliques, ni
« dans les écrits des docteurs et les exemples des
« saints personnages qui ont illustré les plus beaux
« siècles de l'antiquité chrétienne. »

Hé bien ! on peut affirmer, sans crainte de démenti,
qu'il n'y a pas aujourd'hui en France un seul évêque
qui osât mettre son nom au-dessous de ces lignes.
Est-ce à dire qu'ils aient tous répudié « ces *fortes
maximes*, pour parler comme Bossuet, de l'Eglise de
France, » dont Leibnitz a dit qu'elles « seraient un
jour le boulevard du catholicisme en Europe? » Nous
savons le contraire, mais nous savons aussi qu'ils ne
sont plus libres de manifester leurs véritables sentiments.

Encastrés dans un corps qui tire toute sa force de sa
cohésion même et qui n'hésiterait point à sacrifier celui
de ses membres qui n'obéirait pas aveuglément au
mot d'ordre, à l'impulsion commune ; surveillés de
près par les corporations religieuses, qui ont l'œil et
l'oreille partout et qui tiennent enlacé chaque diocèse,
le pays tout entier, dans un réseau de jour en jour plus
serré, dont tous les fils se concentrent entre les mains
des bons pères, il faut bon gré mal gré qu'ils marquent
le pas. Malheur à celui qui se permettrait la plus lé-
gère divergence d'opinion, ou se rendrait seulement
suspect d'un reste de tendresse pour les maximes gallicanes ou pour cet autre ennemi non moins abhorré,
le catholicisme libéral ! En même temps qu'on lui sus-

citerait, à Rome et dans son diocèse, des embarras sous lesquels il faudrait qu'il succombât, on lâcherait contre lui la meute à la dent venimeuse de ces Trestaillons de la presse soit-disant religieuse, qui sont comme les exécuteurs des basses œuvres du parti ultramontain.

Les évêques donc eux-mêmes, et tout les premiers, ne peuvent plus jouir de quelque repos, de quelque sécurité, qu'à la condition de se déclarer hautement et sans réserve partisans des doctrines ultramontaines. D'ailleurs, être ultramontain, c'est avoir un brevet d'orthodoxie, de zèle, de savoir, de mérite et de vertu.

C'est, de plus, un masque sous lequel on peut tout se permettre contre ses prêtres, si l'on est évêque, contre les évêques et Dieu lui-même, si l'on est simple prêtre. Rome, pour tout attirer à elle et faire acte d'omnipotence, affecte assez volontiers de prendre fait et cause pour les prêtres contre leurs évêques, comme sous la féodalité le roi affectait de défendre l'intérêt des communes contre les seigneurs. Elle casse, annule ou censure les actes épiscopaux, et elle a de la sorte nos prélats à sa merci.

Pour être maîtres chez eux et tenir leurs subordonnés dans la sujétion, les évêques sont donc obligés d'abdiquer tout sentiment personnel, et de se faire les instruments dociles de la secte qui opprime l'Eglise, en attendant qu'elle puisse opprimer la société.

Hâtons-nous de le dire, ils ont mérité l'état humiliant où ils sont réduits. Comme nous le montrerons bientôt, ils ont abusé de la clause *XXXI* des articles organiques pour dépouiller leurs prêtres de toutes les garanties dont la loi canonique avait entouré leur existence matérielle et morale, et les réduire à la condition d'ilotes. Le parti ultramontain a abusé à son tour de sa supériorité numérique au concile du Vatican et de l'ascendant qu'il avait su prendre sur l'esprit illusionné de Pie IX, pour les dépouiller eux-mêmes de leurs droits les mieux établis et de leurs prérogatives les plus essentielles.

Ils avaient une participation effective au gouvernement général de l'Eglise ; ils ne sont plus que les vicaires du pontife romain et ses premiers sujets. Ils étaient juges dans toutes les questions qui touchent à la foi ou aux mœurs ; les décrets disciplinaires du Saint-Siège et ses décisions dogmatiques n'avaient force définitive de loi ou de chose jugée que moyennant l'assentiment explicite ou au moins implicite de l'Eglise représentée par l'épiscopat. Aujourd'hui, quand le Pape parle *ex cathedra*, les évêques n'ont qu'à s'incliner, et, comme les quatre animaux symboliques de l'Apocalypse, à dire *amen*. Il ferait beau voir de nos jours un évêque qui écrirait au Pape ce que saint Bernard écrivait à Eugène IV : Souvenez-vous que vous n'êtes pas le seigneur des évêques, mais leur frère !

On parle de la reprise du concile du Vatican, qui, comme l'on sait, n'a été que suspendu, mais à quoi bon désormais des conciles? En proclamant l'infaillibilité personnelle et séparée du pontife romain, le concile du Vatican ne s'est-il pas suicidé et n'a-t-il pas ôté du même coup pour toujours à ces sortes d'états généraux de la catholicité toute raison d'être? Du moment que le Pape est reconnu pour l'organe immédiat et infaillible du Saint-Esprit, quelle nécessité y a-t-il d'enlever les pasteurs à leur troupeau et de les faire venir à grands frais des quatre points cardinaux pour l'assister de leurs lumières? Ne serait-ce pas, si l'on veut nous permettre cette comparaison, qui détonne un peu ici, mais qui a le mérite de rendre notre pensée sensible, ne serait-ce pas comme si l'on s'avisait de réunir en faisceau quelques centaines de chandelles pour éclairer le soleil?

Les anciens docteurs de l'école ultramontaine, et, parmi eux, les plus autorisés, tels que Bellarmin, Duval, Gamache, définissaient le gouvernement de l'Eglise « une monarchie tempérée d'aristocratie et de démocratie. » Aux yeux des nouveaux docteurs de cette école, cette définition serait, sinon formellement hérétique, du moins absolument erronée. L'Eglise est en effet désormais une monarchie pure, une autocratie absolue. Nous ne saurions trop le redire, en érigeant en dogme la souveraineté exclusive du Pape dans l'Eglise, les ultramontains se sont principalement proposé de restaurer de toutes pièces le système théocratique du moyen âge ; car, ainsi qu'on l'a souvent fait remarquer, de la plénitude du pouvoir spirituel du pontife romain découle, comme de sa source, sa suprématie sur le temporel ; et, il ne faut pas non plus l'oublier, à travers le spirituel, c'est toujours le temporel que visent les ultramontains.

Quant à ceux qui s'étonneraient de voir la curie romaine faire revivre, au milieu de l'Europe constitutionnelle et démocratique de nos jours et à la veille de la chute de la souveraineté temporelle du Pape, ses vieilles prétentions à la domination universelle, ils laisseraient croire seulement qu'ils ne la connaissent pas. La politique romaine rappelle assez la méthode qu'un Allemand voulait introduire dans la médecine : *De modo curandi morbos expectatione.* Le monde, comme on l'a souvent dit, n'étant constant que dans son inconstance, cette méthode assure à ceux qui ont assez de flegme pour la pratiquer des chances surprenantes. Ce que nous avons vu se passer sous nos yeux n'en est-il pas une nouvelle preuve ?

Cette doctrine, pour parler encore une fois comme l'épiscopat français de 1826, « née autrefois du sein de « l'anarchie et de la confusion où se trouvait l'Europe, « constamment repoussée par le clergé de France et « tombée dans un oubli presque universel... qui n'a « aucun fondement ni dans l'Evangile, ni dans les tra- « ditions apostoliques, ni dans les écrits des doc-

« teurs,..... » cette doctrine, que combattait au concile du Vatican une minorité numérique, qui représentait en réalité la partie la plus éclairée et la plus importante à tous égards de la chrétienté, ne rencontre plus un seul contradicteur déclaré, ni dans les rangs de l'épiscopat, ni dans ceux du clergé. Les quelques individualités qui ont essayé de réagir contre elle ont été emportées par le flot et sont tombées autant sous l'indifférence publique que sous les foudres de l'Eglise. Elle règne partout en souveraine ; elle est la base et le thème invariable de l'enseignement catholique sous toutes ses formes et de tous les degrés.

Jusqu'ici nous n'avons guère parlé que du principe fondamental de la doctrine ultramontaine, lequel peut se formuler comme il suit : Personnification dans le Pape, son chef suprême, de l'autorité-plénière de l'Eglise, et subordination du pouvoir temporel à cette autorité, non seulement dans les choses de l'ordre surnaturel qui ont pour objet direct le salut, mais encore dans les choses de l'ordre naturel qui, bien que ne touchant pas aux vérités révélées, intéressent cependant le bien général de l'Eglise, ses droits et sa discipline. D'où il suit que le Pape n'est pas moins l'interprète et l'organe infaillible de la vérité naturelle ou non révélée que de la vérité surnaturelle ou révélée, et qu'il a seul compétence pour déterminer les limites du vrai et du faux, du juste et de l'injuste, de l'honnête et du déshonnête, même dans l'ordre moral purement naturel.

Et qu'on le remarque bien, nous ne disons rien ici qui ne soit catégoriquement enseigné par Pie IX, en son nom et en celui de plusieurs de ses prédécesseurs, dans l'Encyclique du 8 décembre 1864, ou dans le Syllabus qui y est annexé, deux actes qui portent le caractère des définitions papales *ex cathedra* les plus solennelles.

Voici quelques-unes des propositions qui y sont *réprouvées, proscrites* et *condamnées*.

Est condamné et proscrit le principe d'après lequel « l'Eglise ne peut rien établir qui puisse *lier les* « *consciences en ce qui concerne les choses temporelles*... « C'est pourquoi nous ne pouvons passer sous silence « l'*audace* de ceux qui prétendent qu'on peut nier, « *sans péché*, l'obéissance aux décrets du Siège apos- « tolique *dont l'objet*, quoique ne touchant pas au « dogme et à la foi, concerne cependant le bien gé- « néral de l'Eglise, ses droits et sa discipline... *C'est* « *s'opposer au dogme catholique du plein pouvoir, conféré* « *divinement* au Pontife régnant, de paître, régir et « gouverner l'Eglise universelle. »

Ceci est extrait du corps de l'Encyclique même.

Contentons-nous de faire observer que Rome n'a jamais rien dit de plus hardi.

Est également proscrit et condamné « le principe
« impie et absurde d'après lequel la meilleure condition
« de la société est celle où l'on ne reconnaît pas au
« pouvoir l'obligation *de réprimer, par la sanction des*
« *peines, les violateurs de la religion catholique,* si ce
« n'est lorsque la tranquillité publique l'exige.

« De là cette conséquence qualifiée de *délire* par
« Grégoire XVI, suivant laquelle *la liberté de cons-*
« *cience est un droit propre à chaque homme.* »

Et celui-ci : « que la volonté du peuple manifestée,
« comme ils disent, par l'opinion publique ou d'autre
« façon, constitue la loi suprême, *indépendante de tout*
« *droit divin et humain.* »

Nous ne sachons pas que personne ait jamais
prétendu que la volonté du peuple soit au-dessus
de tout droit divin et humain.

C'est un des principes hérétiques de nos temps de
dire « que l'excommunication fulminée contre les
« envahisseurs des droits et possessions de l'Eglise
« se fonde sur la confusion de l'ordre spirituel et de
« l'ordre civil et politique,... et de dire que l'Eglise
« n'a pas *le droit naturel* légitime d'acquérir et de
« posséder » (*Syllabus*, n° 26).

Erreur de dire : « Que l'immunité de l'Eglise et des
« personnes ecclésiastiques tire son origine du droit
« civil » (*Syllabus*, n° 30).

2.

Erreur de dire : « Que les juridictions ecclésiastiques
« pour les procès temporels des clercs, *ou civils ou*
« *criminels,* doivent être abolies, même sans l'avis et
« contre les réclamations du Saint-Siège » (*Syllabus,*
n° 31).

Erreur de dire : « Que, sans violer la loi naturelle
« ni l'équité, on peut abroger les immunités person-
« nelles qui exonèrent les clercs de la loi militaire »
« (*Syllabus,* n° 32).

Erreur de dire : « Qu'au gouvernement civil, exercé
« par un souverain infidèle, appartiennent... non seu-
« lement le droit d'*exequatur,* mais encore celui d'appel
« qu'on désigne *comme d'abus.* »

Erreur de dire : « Que l'autorité civile a compétence
« pour juger des instructions que les pasteurs de
« l'Eglise publient, conformément à leur mission,
« pour la conduite des consciences. »

Erreur de dire : « Que le gouvernement civil peut
« soumettre les biens des établissements religieux à la
« compétence et à l'administration de la puissance
« civile. »

Erreur de dire : « Qu'il faut proclamer et observer
« le principe de non-intervention. »

Pour faire sortir de ces textes, et de plusieurs autres, non moins explicites, que nous pourrions citer, le
système théocratique complet du moyen-âge et la
condamnation formelle de tous les principes qui servent de fondement à la société moderne, il n'est nul-

lement nécessaire d'en forcer la signification, il suffit, au contraire, de les prendre comme ils sonnent, dans leur sens naturel. Il est à noter, d'ailleurs, que toutes les distinctions scolastiques, toutes les misérables réticences à l'aide desquelles on a essayé, lors de la publication de l'*Encyclique*, de donner le change à l'opinion et aux gouvernements justement émus, ont été depuis mises de côté. Aujourd'hui, les doctrines de l'Encyclique et du Syllabus sont professées sans atténuation, sans déguisement et, comme nous l'avons déjà dit, servent de base à l'enseignement officiel de l'Eglise catholique.

Il nous reste à examiner si ces doctrines mettent réellement en péril la société issue de 89, et, dans le cas de l'affirmative, si l'autorité civile est suffisamment armée pour la défendre efficacement contre de semblables prétentions.

Voyons d'abord quelles sont les armes dont dispose l'autorité civile.

SECONDE PARTIE

LES ARTICLES ORGANIQUES

En étudiant l'opinion des ultramontains touchant le Concordat de 1801, nous avons été amené à exposer en termes succincts leur enseignement au sujet de toutes les conventions de même nature passées entre le Pape et le pouvoir temporel, et enfin leur doctrine générale sur les rapports de l'Eglise et de l'Etat.

Nous avons maintenant à résumer les objections formulées, non plus seulement par les ultramontains, mais encore par une fraction notable de l'école gallicane d'autrefois, contre le caractère légal et la force obligatoire des articles organiques. Mais faisons d'abord connaître ces articles, dont il importe, dans le moment présent, de ne pas perdre de vue le texte. Les voici donc :

ARTICLES ORGANIQUES

TITRE Ier. — DU RÉGIME DE L'ÉGLISE CATHOLIQUE DANS SES RAPPORTS GÉNÉRAUX AVEC LES DROITS ET LA POLICE DE L'ÉTAT.

Art. Ier. Aucune bulle, bref, rescrit, décret, mandat, provision, signature servant de provision, ni autres expéditions de la cour de Rome, même ne concernant que les particuliers, ne pourront être reçus, publiés, imprimés, ni autrement mis à exécution, sans l'autorisation du gouvernement.

Art. II. Aucun individu se disant nonce, légat, vicaire ou commissaire apostolique, ou se prévalant de toute autre dénomination, ne pourra, sans la même autorisation, exercer, sur le sol français ou ailleurs, aucune fonction relative aux affaires de l'Eglise gallicane.

Art. III. Les décrets des synodes étrangers, même ceux des conciles généraux, ne pourront être publiés en France, avant que le gouvernement en ait examiné la forme, leur conformité avec les lois, droits et franchises de la République française, et tout ce qui, dans leur publication, pourrait altérer ou intéresser la tranquillité publique.

Art. IV. Aucun concile national ou métropolitain, aucun synode diocésain, aucune assemblée délibérante n'aura lieu sans la permission expresse du gouvernement.

Art. V. Toutes les fonctions ecclésiastiques seront gratuites, sauf les oblations qui seraient autorisées et fixées par les règlements.

Art. VI. Il y aura recours au conseil d'Etat dans tous les cas d'abus de la part des supérieurs et autres personnes ecclésiastiques.

Les cas d'abus sont : l'usurpation ou l'excès de pouvoir, la contravention aux lois et règlements de la République, l'infraction des règles consacrées par les canons reçus en France ; l'attentat aux libertés, franchises et coutumes de l'Eglise gallicane; et toute entreprise ou tout procédé qui, dans l'exercice du culte, peut compromettre l'honneur des citoyens, troubler arbitrairement leur conscience, dégénérer contre eux en oppression, en injure, ou en scandale public.

Art. VII. Il y aura pareillement recours au conseil d'Etat, s'il est porté atteinte à l'exercice public du culte, et à la liberté que les lois et règlements garantissent à ses ministres.

Art. VIII. Le recours compétera à toute personne intéressée. A défaut de plainte particulière, il sera exercé d'office par les préfets. Le fonctionnaire public, l'ecclésiastique, ou la personne qui voudra exercer ce recours, adressera un mémoire détaillé et signé au conseiller d'Etat chargé de toutes les affaires concernant le culte, lequel sera tenu de prendre, dans le plus court délai possible, tous les renseignements convenables ; et sur son rapport, l'affaire sera suivie et définitivement terminée dans la forme administrative, ou renvoyée, selon l'exigence des cas, aux autorités compétentes.

TITRE II. — DES MINISTRES

Art. IX. Le culte catholique sera exercé sous la direction des archevêques et évêques dans leurs diocèses et sous celle des curés dans leurs paroisses.

Art. X. Tout privilège portant exemption ou attribution de la juridiction épiscopale est aboli.

Art. XI. Les archevêques et évêques pourront, avec l'autorisation du gouvernement, établir, dans leurs diocèses, des chapitres cathédraux et séminaires. Tous autres établissements ecclésiastiques sont supprimés.

Art. XII. Il sera libre aux archevêques et évêques d'ajouter à leur nom le titre de citoyen ou de monsieur. Toutes autres qualifications sont interdites.

Art. XIII. Les archevêques consacreront et installeront leurs suffragants. En cas d'empêchement ou de refus de leur part, ils seront suppléés par le plus ancien évêque de l'arrondissement métropolitain.

Art. XIV. Ils veilleront au maintien de la foi et de la discipline dans les diocèses dépendant de leur métropole.

Art. XV. Ils connaîtront des réclamations et des plaintes portées contre la conduite et les décisions des évêques suffragants.

Art. XVI. On ne pourra être nommé évêque avant l'âge de trente ans, et si on n'est originaire français.

Art. XVII. Avant l'expédition de l'arrêté de nomination, celui ou ceux qui seront proposés seront tenus de rapporter une attestation de bonnes vie et mœurs, expédiée par l'évêque dans le diocèse duquel ils auront exercé les fonctions du ministère ecclésiastique; et ils seront examinés sur leur doctrine, par un évêque et deux prêtres, qui seront commis par le premier consul, lesquels adresseront le résultat de leur examen au conseiller d'Etat chargé de toutes les affaires concernant les cultes.

Art. XVIII. Le prêtre nommé par le premier consul fera les diligences pour rapporter l'institution du Pape.

Il ne pourra exercer aucune fonction avant que la bulle portant son institution ait reçu l'attache du gouvernement, et qu'il ait prêté (en personne) le serment prescrit par la convention passée entre le gouvernement français et le Saint-Siège.

Ce serment sera prêté au premier consul; il en sera dressé procès-verbal par le secrétaire d'Etat.

Art. XIX. Les évêques nommeront et institueront les curés. Néanmoins, ils ne manifesteront leur nomination, et ils ne donneront l'institution canonique, qu'après que cette nomination aura été agréée par le premier consul.

Art. XX. Ils seront tenus de résider dans leurs diocèses; ils ne pourront en sortir qu'avec la permission du premier consul.

Art. XXI. Chaque évêque pourra nommer deux vicaires généraux, et chaque archevêque pourra en nommer trois; ils les choisiront parmi les prêtres ayant les qualités requises pour être évêques.

Art. XXII. Ils visiteront annuellement, et en personne, une partie de leur diocèse, et dans l'espace de cinq ans le diocèse entier.

En cas d'empêchement légitime, la visite sera faite par un vicaire général.

Art. XXIII. Les évêques seront chargés de l'organisation de leurs séminaires; et les règlements de cette organisation seront soumis à l'approbation du premier consul.

Art. XXIV. Ceux qui seront choisis pour l'enseignement dans les séminaires souscriront la déclaration faite par le clergé de France en 1682, et publiée par un édit de la même année; ils se soumettront à enseigner la doctrine qui y est contenue, et les évêques adresseront une expédition en forme de cette soumission au conseiller d'Etat chargé de toutes les affaires concernant les cultes.

Art. XXV. Les évêques enverront, toutes les années, à ce conseiller d'Etat le nom des personnes qui étudieront dans les séminaires et qui se destineront à l'état ecclésiastique.

Art. XXVI. Ils ne pourront ordonner aucun

ecclésiastique, s'il ne justifie d'une propriété produisant au moins un revenu annuel de trois cents francs, s'il n'a atteint l'âge de vingt-cinq ans, et s'il ne réunit les qualités requises par les canons reçus en France.

Les évêques ne feront aucune ordination avant que le nombre des personnes à ordonner ait été soumis au gouvernement et par lui agréé.

Art. XXVII. Les curés ne pourront entrer en fonctions qu'après avoir prêté, entre les mains du préfet, le serment prescrit par la convention passée entre le gouvernement et le Saint-Siège.

Il sera dressé procès-verbal de cette prestation par le secrétaire général de la préfecture; et copie collationnée leur en sera délivrée.

Art. XXVIII. Ils seront mis en possession par le curé ou le prêtre que l'évêque désignera.

Art. XXIX. Ils seront tenus de résider dans leurs paroisses.

Art. XXX. Les curés seront immédiatement soumis aux évêques, dans l'exercice de leurs fonctions.

Art. XXXI. Les vicaires et desservants exerceront leur ministère sous la surveillance et la direction des curés.

Ils seront approuvés par l'évêque et révocables par lui.

Art. XXXII. Aucun étranger ne pourra être employé dans les fonctions de ministère ecclésiastique sans la permission du gouvernement.

Art. XXXIII. Toute fonction est interdite à tout ecclésiastique, même français, qui n'appartient à aucun diocèse.

Art. XXXIV. Un prêtre ne pourra quitter son diocèse pour aller desservir dans un autre sans la permission de son évêque.

Art. XXXV. Les archevêques et évêques qui voudront user de la faculté qui leur est donnée d'établir des chapitres, ne pourront le faire sans avoir rapporté l'autorisation du gouvernement, tant pour l'établissement lui-même que pour le nombre et le choix des ecclésiastiques destinés à les former.

Art. XXXVI. Pendant la vacance des sièges, il sera pourvu par le métropolitain, et, à son défaut, par le plus ancien des évêques suffragants, au gouvernement des diocèses.

Les vicaires généraux de ces diocèses continueront leurs fonctions, même après la mort de l'évêque, jusqu'à son remplacement.

Art. XXXVII. Les métropolitains, les chapitres

cathédraux seront tenus, sans délai, de donner avis au gouvernement de la vacance des sièges, et des mesures qui auront été prises pour le gouvernement des sièges vacants.

Art. XXXVIII. Les vicaires généraux qui gouverneront pendant la vacance, ainsi que les métropolitains ou capitulaires, ne se permettront aucune innovation dans les usages et coutumes des diocèses.

TITRE III. — DU CULTE.

Art. XXXIX. Il n'y aura qu'une liturgie et qu'un catéchisme pour toutes les églises catholiques de France.

Art. XL. Aucun curé ne pourra ordonner des prières publiques extraordinaires dans sa paroisse sans la permission spéciale de l'évêque.

Art. XLI. Aucune fête (à l'exception du dimanche) ne pourra être établie sans la permission du gouvernement.

Art. XLII. Les ecclésiastiques useront, dans les cérémonies religieuses, des habits et ornements convenables à leur titre ; ils ne pourront, dans aucun cas, ni sous aucun prétexte, prendre la couleur et les marques distinctives réservées aux évêques.

Art. XLIII. Tous les ecclésiastiques seront habillés à la française et en noir.

Les évêques pourront joindre à ce costume la croix pastorale et les bas violets.

Art. XLIV. Les chapelles domestiques, les oratoires particuliers ne pourront être établis sans une permission expresse du gouvernement, accordée sur la demande de l'évêque.

Art. XLV. Aucune cérémonie religieuse n'aura lieu hors des édifices consacrés au culte catholique, dans les villes où il y a des temples destinés à différents cultes.

Art. XLVI. Le même temple ne pourra être consacré qu'à un même culte.

Art. XLVII. Il y aura, dans les cathédrales et paroisses, une place distinguée pour les individus catholiques qui remplissent les autorités civiles et militaires.

Art. XLVIII. L'évêque se concertera avec le préfet pour régler la manière d'appeler les fidèles au service divin par le son des cloches. On ne pourra les sonner pour toute autre cause sans la permission de la police locale.

Art. XLIX. Lorsque le gouvernement ordon-

nera des prières publiques, les évêques se concer-
teront avec le préfet et le commandant militaire
du lieu, pour le jour, l'heure et le mode d'exécution de ces ordonnances.

Art. L. Les prédications solennelles appelées
sermons, et celles connues sous le nom de stations
de l'Avent et du Carême, ne seront faites que par
des prêtres qui en auront obtenu une autorisation
spéciale de l'évêque.

Art. LI. Les curés, aux prônes des messes paroissiales, prieront et feront prier pour la prospérité de la République française et pour les
consuls.

Art. LII. Ils ne se permettront, dans leurs instructions, aucune inculpation directe ou indirecte,
soit contre les personnes, soit contre les autres
cultes autorisés dans l'Etat.

Art. LIII. Ils ne feront au prône aucune publication étrangère à l'exercice du culte, si ce
n'est celles qui seront ordonnées par le gouvernement.

Art. LIV. Ils ne donneront la bénédiction nup-
tiale qu'à ceux qui justifieront, en bonne et due
forme, avoir contracté mariage devant l'officier
civil.

Art. LV. Les registres tenus par les ministres

du culte, n'étant et ne pouvant être relatifs qu'à l'administration des sacrements, ne pourront, dans aucun cas, suppléer les registres ordonnés par la loi pour constater l'état civil des Français.

Art. LVI. Dans tous les actes ecclésiastiques et religieux, on sera obligé de se servir du calendrier d'équinoxe établi par les lois de la République ; on désignera les jours par les noms qu'ils avaient dans le calendrier des solstices.

Art. LVII. Le repos des fonctionnaires publics sera fixé au dimanche.

TITRE IV. — DE LA CIRCONSCRIPTION DES ARCHEVÊCHÉS, DES ÉVÊCHÉS ET DES PAROISSES; DES ÉDIFICES DESTINÉS AU CULTE, ET DU TRAITEMENT DES MINISTRES.

Art. LVIII. Il y aura en France dix archevêchés ou métropoles, et cinquante évêchés.

Art. LIX. La circonscription des métropoles et des diocèses sera faite conformément au tableau ci-joint.

Art. LX. Il y aura, au moins, une paroisse dans chaque justice de paix.

Il sera, en outre, établi autant de succursales que le besoin pourra l'exiger.

Art. LXI. Chaque évêque, de concert avec le préfet, réglera le nombre et l'étendue de ces succursales. Les plans arrêtés seront soumis au gouvernement et ne pourront être mis à exécution sans son autorisation.

Art. LXII. Aucune partie du territoire français ne pourra être érigée en cure ou en succursale sans l'autorisation expresse du gouvernement.

Art. LXIII. Les prêtres desservant les succursales sont nommés par les évêques.

Art. LXIV. Le traitement des archevêques sera de 15,000 fr.

Art. LXV. Le traitement des évêques sera de 10,000 fr.

Art. LXVI. Les curés seront distribués en deux classes. Le traitement des curés de la première classe sera porté à 1,500 fr., celui des curés de seconde classe à 1,000 fr.

Art. LXVII. Les pensions dont ils jouissent en exécution des lois de l'Assemblée constituante seront précomptées sur leur traitement.

Les conseils généraux des grandes communes pourront, sur leurs biens ruraux ou sur leurs octrois, leur accorder une augmentation de traitement si les circonstances l'exigent.

Art. LXVIII. Les vicaires et desservants seront choisis parmi les ecclésiastiques pensionnés en exécution des lois de l'Assemblée constituante.

Le montant de ces pensions et le produit des oblations formeront leur traitement.

Art. LXIX. Les évêques rédigeront les projets de règlement relatifs aux oblations que les ministres du culte sont autorisés à recevoir pour l'administration des sacrements.

Les projets de règlements rédigés par les évêques ne pourront être publiés, ni autrement mis à exécution, qu'après avoir été approuvés par le gouvernement.

Art. LXX. Tout ecclésiastique, pensionnaire de l'Etat, sera privé de sa pension, s'il refuse, sans cause légitime, les fonctions qui pourront lui être confiées.

Art. LXXI. Les conseils généraux de département sont autorisés à procurer aux archevêques et évêques un logement convenable.

Art. LXXII. Les presbytères et les jardins attenants, non aliénés, seront rendus aux curés et aux desservants des succursales.

A défaut de ces presbytères, les conseils généraux des communes sont autorisés à leur procurer un logement et un jardin.

Art. LXXIII. Les fondations qui ont pour objet l'entretien des ministres et l'exercice du culte ne pourront consister qu'en rentes constituées sur l'Etat : elles seront acceptées par l'évêque diocésain, et ne pourront être exécutées qu'avec l'autorisation du gouvernement.

Art. LXXIV. Les immeubles, autres que les édifices destinés au logement, et les jardins attenants, ne pourront être affectés à des titres ecclésiastiques, ni possédés par les ministres du culte, à raison de leurs fonctions.

Art. LXXV. Les édifices anciennement destinés au culte catholique, actuellement dans les mains de la nation, à raison d'un édifice par cure et par succursale, seront mis à la disposition des évêques, par arrêtés du préfet du département.

Art. LXXVI. Il sera établi des fabriques, pour veiller à l'entretien et à la conservation des temples, à l'administration des aumônes.

Art. LXXVII. Dans les paroisses où il n'y aura point d'édifice disponible pour le culte, l'évêque se concertera avec le préfet pour la désignation d'un édifice convenable.

(Suivent le tableau de la circonscription des

archevêchés et évêchés, et les articles relatifs aux cultes protestants.)

La première objection formulée contre les articles organiques par une fraction de l'ancienne école gallicane, aussi bien que par les ultramontains, consiste à dire que ces articles furent soumis par le gouvernement consulaire à l'examen du Tribunat et à la sanction du Corps législatif, non point comme projet de loi, mais comme annexes ou appendices de la convention passée avec le Pape et formant avec elle un tout indivisible.

C'est, en effet, ce qui semble résulter des déclarations qui furent faites par ses orateurs et plus particulièrement par Portalis : « Le gouvernement fran« çais, disait-il au Corps législatif, le 15 germinal, a « traité avec le Pape, non comme souverain étranger, « mais comme chef de l'Eglise universelle, dont les « catholiques de France font partie ; il a fixé avec ce « chef le régime sous lequel les catholiques continuent « à exercer leur culte en France. Tel est l'objet de la « convention passée entre le gouvernement et Pie VII, « et des articles organiques de cette convention.

« Toutes ces conventions ne pouvaient être matière « à projet de loi... La loi est définie par la Constitu« tion *un acte de la volonté générale*. Ce caractère ne « saurait convenir à des institutions qui sont néces-

« sairement particulières à ceux qui les adoptent par
« conviction et par conscience.

« La convention avec le Pape et les articles orga-
« niques de cette convention participent de la nature
« des traités diplomatiques, c'est-à-dire de la nature
« des contrats. »

Il serait difficile d'expliquer plus clairement que
les articles organiques faisaient partie intégrante du
Concordat, et ne formaient avec lui qu'une seule et
même convention « participant de la nature des
traités diplomatiques. »

Ce fut en cette qualité qu'ils furent présentés d'a-
bord au Tribunat, qui se prononça pour leur admis-
sion, ensuite au Corps législatif, qui les sanctionna,
le 18 germinal an X, par son vote, à une immense
majorité (228 voix contre 21).

Dans sa proclamation du 27 germinal, ayant pour
objet de promulguer le décret du Corps législatif qui
érigeait en lois de l'Etat la convention passée avec le
Pape, *ensemble* les lois organiques de ladite convention,
le premier consul s'exprimait également de façon à faire
entendre que ces deux actes avaient été dressés l'un et
l'autre de concert avec le Pape : « Le chef de l'Eglise,
« dit Bonaparte, a pesé dans sa sagesse et dans l'inté-
« rêt de l'Eglise les propositions que l'intérêt de l'Etat
« a dictées. Sa voix s'est fait entendre aux pasteurs ;
« *ce qu'il approuve*, le gouvernement *l'a consenti*, et
« les législateurs en ont fait une *loi* de la République. »

C'est donc un fait acquis, premièrement, que les articles organiques furent présentés au Tribunat, puis au Corps législatif, comme des annexes ou des appendices de la convention passée avec le Pape; secondement, qu'ils furent érigés comme tels et au même titre que le Concordat en loi de l'Etat par décret du Corps législatif.

C'est un second fait non moins avéré que lesdits articles ont été rédigés par le gouvernement consulaire *tout seul*, sans la participation du pouvoir spirituel; que, par conséquent, ils sont radicalement dépourvus de ce qui forme l'essence de tout contrat, diplomatique ou autre, à savoir, l'accord des deux parties, accord qui seul peut engendrer une obligation mutuelle. Ils ne sauraient, sous aucun rapport, être assimilés à un traité ou à une convention; ils ne sauraient non plus être considérés comme une vraie loi, puisque, d'une part, d'après la déclaration de Portalis citée plus haut, les objets sur lesquels ils portent *ne pouvaient être matière à projet de loi*, et que, de l'autre, le Corps législatif ne les vota effectivement que comme annexes d'un traité.

On sait que Pie VII protesta solennellement contre les articles organiques, dans le consistoire du 24 mai 1802, *comme ayant été rédigés sans sa participation et comme renfermant plusieurs dispositions contraires à la discipline de l'Eglise*. Le cardinal Caprara, légat du Saint-Siège, fut chargé de transmettre à M. de Talleyrand, ministre des relations extérieures, une dépêche officielle dans laquelle les griefs du souverain Pontife contre les articles organiques sont exposés avec autant de modération que de fermeté.

Citons les premières lignes de cette dépêche, qui porte la date du 18 août 1803 :

« Monseigneur, je suis chargé de réclamer contre « cette partie de la loi du 18 germinal que l'on a dé- « signée sous le nom d'*articles organiques*.

« La qualification qu'on donne à ces articles paraî- « trait d'abord faire supposer qu'ils ne sont que la suite « naturelle et l'explication du Concordat religieux ; « cependant, il est de fait qu'ils n'ont pas été concertés « avec le Saint-Siège, qu'ils ont une extension plus « grande que le Concordat, et qu'ils établissent en « France un code ecclésiastique sans le concours du « Saint-Siège. Comment Sa Sainteté pourrait-elle l'ad- « mettre, n'ayant pas été invitée à l'examiner ? Ce « code a pour objet la doctrine, les mœurs, la disci- « pline du clergé, les droits et les devoirs des évêques « et le mode d'exercice de leur juridiction. Or, tout « cela tient aux droits imprescriptibles de l'Eglise. »

On a répondu aux réclamations de la cour de Rome que le pouvoir civil, en réglant par une loi l'exécution du Concordat et l'exercice public du culte catholique, n'a fait qu'user d'une prérogative qui a toujours fait partie de notre droit public et qui est reconnu dans l'article 1er du Concordat lui-même.

Voici de nouveau cet article : « La religion catholi-
« que, apostolique et romaine sera librement exercée
« en France, son culte sera public en se conformant
« aux règlements de police que le gouvernement ju-
« gera nécessaires pour la tranquillité publique. »

Mais cette réponse laisse évidemment subsister tous
les griefs que nous venons d'énoncer. On ne conteste
pas au pouvoir civil le droit de faire, relativement à
l'exercice public du culte catholique, comme des
autres cultes reconnus par l'Etat, les règlements
de police qu'il juge nécessaires pour la tranquillité publique ; mais on lui dénie celui de présenter comme
des annexes d'une convention diplomatique, et de
faire ériger comme telles en loi de l'Etat, des dispositions qu'il a rédigées de sa seule autorité et à
l'insu même de l'autre partie contractante.

Si les raisons que nous venons d'indiquer sont aussi
fondées qu'elles nous le paraissent, il semble bien
difficile de ne pas admettre que les articles organiques sont radicalement dépourvus de caractère légal
proprement dit, et, par suite, de force obligatoire.

Ajoutons qu'ils sont en outre entachés de fraude et
d'incompétence.

De fraude, puisqu'ils ont été furtivement introduits
au Tribunat et au Corps législatif sous le couvert du
Concordat, et insérés ensuite, à la faveur d'un titre
coloré, au *Bulletin des lois*.

Ils sont entachés d'*incompétence*, et en voici la

raison. Il est indubitable, comme le dit d'ailleurs la dépêche du cardinal Caprara, que les articles organiques ont une extension plus grande que le Concordat lui-même auquel ils sont annexés, et qu'ils établissent en France, sans le concours du Saint-Siège, un code ecclésiastique qui a pour objet la doctrine, les mœurs, la discipline du clergé, les droits et les devoirs des évêques, ceux des ministres inférieurs, eurs relations avec le Saint-Siège et jusqu'au mode d'exercice de leur juridiction. Sous ce rapport, ils constituent, de la part de l'autorité civile, un excès exorbitant de pouvoir, une usurpation violente des droits de l'Eglise, à laquelle il appartient de décider les questions de doctrine sur la foi et les mœurs, et de faire des canons et des règles de discipline.

N'est-ce pas, en effet, exorbitant que l'État, par l'article 14, charge les archevêques du maintien de la foi et de la discipline dans les diocèses dépendant de leur métropole, et n'est-ce pas quelque chose de grotesque que cet article 17 réglant que les évêques nouvellement nommés seront examinés sur leur doctrine par trois théologiens qu'aura commis à cet effet le premier consul? Que dire de l'article 22, qui règle le temps dans lequel auront lieu les visites pastorales? A part le titre Ier tout entier et quelques articles épars dans les autres titres, le reste ne se compose que d'empiètements flagrants aux droits incontestables de toute autorité religieuse, même avec une religion d'État.

Les articles organiques sont donc en troisième lieu entachés d'incompétence.

Le gouvernement, il est vrai, fit droit, dans une certaine mesure, aux réclamations du Saint-Siège par le décret du 28 février 1810, qui a modifié l'article 1er en ce qui regarde les brefs de la Pénitencerie, ces brefs n'ayant plus besoin d'autorisation pour être exécutés; l'article 26, relatif aux ordinations, que les évêques pourront désormais faire selon les canons; et l'article 36, relatif à la juridiction que la loi organique donnait aux vicaires généraux de l'évêque décédé.

Mais de ce fait, que le gouvernement a cru pouvoir modifier par décret les articles organiques, ne ressort-il pas qu'il ne les considère point lui-même comme ayant le caractère de loi? Notons, d'ailleurs, que le gouvernement de la République ne s'est pas montré plus scrupuleux, sous ce rapport, que celui de l'Empire; nous pourrions, en effet, prouver qu'il a dérogé par simple décret présidentiel à l'article 40 des lois organiques.

Il serait, de plus, facile de prouver également qu'on a modifié ces mêmes articles, tantôt par ordonnance (l'érection de Cambrai en archevêché), tantôt par simple arrêté (l'article 43 concernant le costume ecclésiastique a été modifié par un arrêté du 8 janvier 1804).

Si l'on ajoute à cela que le gouvernement a laissé tomber en désuétude les deux tiers au moins des dispositions de la loi organique, et, d'autre part, que, parmi les dispositions qu'il est censé maintenir en vigueur, les plus essentielles, celles-là mêmes qui ont pour objet de garantir les droits de l'Etat, sont devenues, dans leur forme actuelle, inapplicables, et, par conséquent, tout à fait inefficaces, ne sera-t-on pas autorisé à conclure que les lois qui régissent les rapports avec l'Eglise sont à refaire?

Parmi les articles de la loi organique que le gouvernement maintient en vigueur, les seuls importants sont les articles 1, 3, 6, 24, 41, 45, 48, 52, 53, 54, 55 et 62.

Ce n'est pas ici le lieu de montrer que ces articles, loin de constituer une innovation, ne font, au contraire, que consacrer un droit essentiel de l'Etat et qui, depuis des siècles, fait partie de notre droit public, ainsi que de celui de presque tous les autres Etats catholiques. Mais il ne sera pas hors de propos de rappeler que c'est par l'usage de ce droit que le pouvoir temporel est parvenu à conquérir son autonomie et son indépendance.

Servie, sollicitée même, si l'on veut, par les circonstances, la Rome papale avait cédé à la tentation, tentation effroyable qui obsède encore les cerveaux hallucinés de l'ultramontanisme, de reconstituer au profit du pouvoir spirituel la domination universelle dont la Rome impériale lui avait légué la tradition et le modèle. Concentrant dans leur seule personne, à l'exemple des Césars, l'autorité spirituelle et l'autorité temporelle, les papes ont été, durant près de trois siècles, les chefs suprêmes d'une monarchie théocratique qui embrassait le monde entier (bulle *Unam sanctam*), et dans laquelle les rois eux-mêmes n'étaient que leurs premiers sujets. Ils ôtaient et donnaient les couronnes. Alexandre VI se comporte absolument en pape qui serait maître de l'univers ; il accorde à Ferdinand d'Espagne à perpétuité, à lui et à ses successeurs, toutes les îles et terres fermes découvertes et à découvrir vers l'Occident et le Midi. Ils partageaient les empires, percevaient des revenus dans tous les Etats de la chrétienté, frappaient des impôts, dictaient des lois aux souverains et aux peuples.

L'administration de la justice elle-même était passée presque tout entière dans les mains de l'Eglise. A l'aide d'un vaste système savamment combiné de privilèges de toute sorte, d'immunités réelles, locales et personnelles, de pieux prétextes et de fictions captieuses, les tribunaux ecclésiastiques avaient attiré dans leur juridiction, d'abord toutes les causes des clercs, et étaient réputés clercs tous ceux qui s'étaient fait tonsurer, ne fût-ce que pour se soustraire à la taille (par la bulle *Clericis laicos*, Boniface VIII avait défendu à tout clerc et à tout religieux, sous peine d'excommunication, de payer aucune taxe à son souverain, même sous le nom de don gratuit, sans la permission du Pape), et alors même qu'ils étaient mariés et qu'ils exerçaient des emplois ou des professions civiles. Ils connaissaient, en second lieu, par voie de connexité, de tous les procès dans lesquels un clerc était intéressé comme cohéritier, créancier, débiteur ou garant; en troisième lieu, de toutes les causes où l'on alléguait la mauvaise foi, c'est-à-dire de la plupart des affaires entre laïques. Ils connaissaient, en quatrième lieu, des exécutions des contrats, à cause du serment; des testaments, parce qu'ils commençaient par le signe de la croix et que le corps du défunt appartenait à l'Eglise pour la sépulture; enfin, de tous les faits entachés de sacrilège, d'hérésie, de violence ou d'usure. Il faut ajouter que les juges laïques, lorsqu'ils tentaient de s'opposer aux empiétements incessants des juges ecclésiastiques, étaient frappés d'excommunication.

Et ceux qui pourraient croire que la puissance ecclésiastique a renoncé aux immunités, aux privilèges dont nous venons de donner une nomenclature très abrégée, nous les renverrions tout simplement au *Syllabus* et à la bulle *In cœna Domini*, ainsi dénommée parce qu'on la publie chaque année (nous ne pourrions pas affirmer que cela se pratique encore aujourd'hui) le jour du jeudi saint, à Rome, pour empêcher la prescription : *Præservatio jurium Sedis apostolicæ.*

L'aperçu qui précède, quelque incomplet qu'il soit, suffit cependant pour donner une idée du gouvernement théocratique, non plus envisagé théoriquement, mais tel qu'il a été réellement compris et pratiqué.

Or, par quels moyens le pouvoir civil est-il parvenu

à se dégager des mille liens dans lesquels le pouvoir ecclésiastique l'avait enlacé et comme emmailloté? Par le droit sur la réception des bulles et par les appels comme d'abus.

Par le premier, le pouvoir temporel a fait rentrer progressivement le chef de l'Eglise dans les limites de sa souveraineté spirituelle, en frappant d'arrêt les bulles et les canons qui, sous couvert de dogme, de morale ou de discipline, contenaient une clause quelconque qu'il jugeait attentatoire à ses droits et aux maximes traditionnelles de l'Eglise de France. Les parlements se sont toujours opposés à la réception des décrets disciplinaires du concile de Trente, parce qu'ils renferment plusieurs dispositions contraires aux droits de l'Etat et aux libertés gallicanes.

Par le second, il a fait respecter ses défenses, en traitant comme rebelle et séditieux tout sujet français, clerc ou laïque, qui se permettait d'introduire dans l'Etat ou de publier, sans l'homologation du souverain, des actes émanant de l'autorité spirituelle.

Mais ces deux droits, dont la connexité est évidente, ont-ils conservé, sous la forme qui leur a été donnée dans la loi organique, leur ancienne efficacité? Le contraire n'est que trop manifeste. La défense portée dans l'article 1er ne peut être considérée que comme une simple prohibition administrative, attendu qu'elle a pour toute sanction l'appel comme d'abus, ou, pour parler plus exactement, le recours en cas d'abus. Mais la déclaration d'abus prononcée par le conseil d'Etat dans les formes que l'on sait est un blâme, une censure purement morale, qui tire toute sa force de l'idée qu'y attachent l'opinion publique et ceux à qui elle est infligée. Or, dans l'état actuel des choses, il ne semble pas que l'opinion publique prête un grand poids à cette censure, et pour ce qui est des prélats délinquants qui en sont frappés, loin de se considérer atteints par elle dans leur considération, il semblerait plutôt qu'ils s'en applaudissent et s'en glorifient comme d'une bonne fortune qui leur vaut les félicitations de leurs collègues, quelquefois les applau-dissements enthousiastes de leur clergé, et toujours les faveurs de Rome.

Mais voici qui est encore plus grave. Cet article 1er, faible, trop faible digue contre les entreprises et les envahissements de la cour romaine, avait pourtant le don d'exciter au plus haut point les récriminations et les colères de nos nouveaux prélats, qui affectaient d'y voir une intolérable entrave au libre exercice du pouvoir spirituel. Il leur fallait à tout prix trouver un expédient pour l'éluder. Cet expédient, l'école ultra-montaine, dont ils se sont faits les fervents disciples, le leur a fourni.

On sait que, pour soustraire au contrôle du pouvoir temporel les actes émanant du Saint-Siège, cette école a imaginé d'ériger en principe que l'*exequatur* n'est nécessaire que pour donner à ces actes force légale au for extérieur, mais nullement pour leur donner force obligatoire au for intérieur ; de sorte que les bulles dogmatiques et les décrets disciplinaires du chef suprême de l'Eglise obligent en conscience, indépendamment de toute promulgation faite suivant les formes voulues par la loi civile et par le seul fait qu'ils sont connus d'une manière certaine.

Cette doctrine a fait son apparition, on peut dire officielle, en France, à la suite de l'Encyclique *Quanta cura* et du *Syllabus*. Nous la trouvons enseignée dans plusieurs des mandements et lettres pastorales qui furent publiés à l'occasion de ces deux actes.

« … Vous savez, dit l'évêque de Beauvais, que cette publication particulière (de l'*Encyclique* et du *Syllabus*) n'est nullement nécessaire pour rendre obligatoires les décisions et prescriptions émanées du Siège apostolique. D'après la doctrine commune des canonistes, il suffit que la publication en soit faite à Rome, suivant les règles et usages ordinaires, pour que les catholiques qui en ont connaissance soient tenus de s'y conformer et d'y adhérer. »

« … Mais si l'enseignement dogmatique et infaillible de Pie IX (c'est l'évêque du Puy qui parle) contenu dans l'Encyclique ne peut parvenir en ce moment par la filière hiérarchique, dûment promulgué dans la forme ordinaire,… il n'en est pas moins obligatoire, pas moins sacré pour tous ; il n'en lie pas moins toute conscience chrétienne… »

4

Le cardinal Billiet, archevêque de Chambéry, est encore plus explicite, si c'est possible « ...Heureusement, dit-il, dans le cas dont il s'agit, la promulgation de la bulle cesse d'être nécessaire. Il est admis en droit canon que, dès qu'une bulle doctrinale a été publiée à Rome avec les conditions requises, elle devient obligatoire pour tous les fidèles qui en ont une connaissance certaine, même avant d'avoir été publiée officiellement, surtout si cette publication est empêchée, par une cause indépendante de l'Eglise... » Il résulte évidemment de ces dernières paroles qu'une bulle doctrinale du Pape oblige encore plus étroitement les fidèles, lorsque le pouvoir civil en interdit la promulgation.

Nous pourrions multiplier les citations, mais celles-ci suffisent. Notons seulement que la plupart des autres évêques, s'ils ne font pas des déclarations aussi formelles, s'expriment du moins de façon à laisser entendre qu'ils professent au fond la même doctrine.

Il n'y eut cependant que deux prélats, l'archevêque de Besançon et l'évêque de Moulins, qui osèrent enfreindre ouvertement la loi, en publiant eux-mêmes, du haut de la chaire, le *Syllabus* et la partie de l'*Encyclique*, dont la réception et la promulgation n'avaient pas été autorisées. Qu'en résulta-t-il? Leur désobéissance fut célébrée comme un acte de courage et la déclaration d'abus décrétée contre eux vint expirer à leurs pieds triomphants : *telum imbelle sine ictu.*

Mais est-il vrai, comme le prétendent les évêques d'aujourd'hui, que ce soit la doctrine commune des canonistes que les décrets émanant du Siège apostolique obligent les fidèles en conscience, à la seule condition qu'ils aient été publiés à Rome et qu'ils les connaissent d'une manière certaine?

Et d'abord, étant même admis que ce soit bien là en effet la doctrine commune des canonistes, cette doctrine commune engendrerait-elle une certitude telle, que les fidèles fussent tenus en conscience d'adhérer à tout ce qui est enseigné dans les bulles que les ultramontains nous représentent comme réunissant au plus haut degré toutes les conditions voulues pour constituer des décrets dogmatiques ? Faudra-t-il croire, par exemple, de nécessité de salut, ainsi que le veut Boniface VIII, dans la bulle *Unam sanctam*, que le pouvoir temporel soit soumis au pouvoir spirituel, comme le corps l'est à l'âme? Ou bien encore, comme le veut Pie V, dans la bulle *In cœna Domini* (considérablement simplifiée par ses successeurs), que tous les privilèges et immunités dont l'Eglise a joui durant un certain temps lui appartiennent de droit divin? Ou bien, enfin, comme l'enseignent Grégoire XVI, dans la bulle *Mirari vos*, et Pie IX, dans la bulle *Quanta cura*, sur le véritable sens desquelles les évêques eux-mêmes n'ont pu réussir encore à se mettre d'accord, que la liberté de conscience, la liberté de la presse, l'égalité des cultes devant la loi, tous les principes, en un mot, qui servent de base à la société moderne soient autant d'erreurs impies, insensées et détestables...?

Telle est pourtant la conséquence rigoureuse du principe posé par nos évêques.

Une autre conséquence non moins rigoureuse d'une pareille doctrine, c'est que ce que nous appelons souveraineté nationale, indépendance de l'état civil, ne serait plus qu'un mot vide de sens, puisque les sujets pourraient être directement liés au for intérieur par les décrets pontificaux, même sur des matières de l'ordre temporel, sans l'aveu et même contre l'aveu de la puissance qui régit cet ordre. En d'autres termes, le Pape serait le monarque universel. Devant lui s'inclineraient, s'effaceraient toutes les frontières ; il légiférerait au temporel comme au spirituel, et ses lois n'obligeraient pas moins les gouvernements que les simples particuliers. Il va sans dire, et les ultramontains l'enseignent de la manière la plus formelle, qu'il aurait le droit d'abolir les institutions et d'abroger les lois qu'il jugerait contraires aux intérêts de l'Eglise. Le P. Liberatore le dit en propres termes : « Il est évident que l'Eglise a le droit de corriger et d'annuler les dispositions injustes et immorales qui auraient été prises dans l'ordre même temporel ; » ailleurs il dit encore : « Le devoir d'obéir à l'Etat est subordonné à celui d'obéir à l'Eglise..... Nous, catholiques, qui croyons à l'infaillibilité du

Pape, nous répondons que la condamnation par le Pape des lois fondamentales d'un pays serait un signe manifeste que ces lois sont injustes et condamnables. » Il dit aussi « que les catholiques sont mille fois plus les sujets du Pape que les sujets de leurs souverains. »

Telles sont les conséquences qui dérivent du principe que les évêques de nos jours ont emprunté à la nouvelle école ultramontaine. Nous disons *la nouvelle école ultramontaine*, car, ainsi que nous allons le montrer, les anciens canonistes ultramontains enseignaient le contraire.

Faisons d'abord remarquer que la doctrine professée par les ultramontains modernes, sur le point qui nous occupe, est en contradiction manifeste avec cette maxime fondamentale du droit canon lui-même : *Leges instituuntur, cùm promulgantur ; et firmantur, cùm moribus utentium approbantur* (Canon *In istis*, dist. 4), Le docteur Duval, un ultramontain s'il en fut, interprétant ce canon, enseigne que, pour être obligatoires, les lois ecclésiastiques ont besoin de deux choses, de promulgation et d'acceptation. Et il a bien soin de faire remarquer que les lois ecclésiastiques elles-mêmes, bien qu'émanant d'une autorité qui ne peut errer en matière de foi et de mœurs, n'en sont pas moins soumises à cette double condition, parce que le Pape peut porter des lois qui, eu égard aux coutumes établies, aux circonstances de temps, de per-

4.

sonnes et de lieux, seraient inutiles et même nuisibles.

Silvestre et Navarre, deux autres ultramontains de la plus belle eau, rapportant l'opinion de la plupart des théologiens canonistes, prouvent qu'ils tiennent tous pour indubitable que la promulgation de la loi se fait toujours sous cette condition, au moins tacite, qu'elle soit acceptée par la République. C'est de ce principe que tous les canonistes tirent la raison en vertu de laquelle une infinité de lois édictées par les souverains pontifes ne sont ni n'ont jamais été observées : *Unde videmus,* c'est le savant cardinal Cusa qui parle, *innumera statuta apostolica, etiam in principio postquam edita fuerunt, non fuisse acceptata.* On compte plusieurs milliers de bulles qui ont été publiées, et quelques milliers qui ne l'ont pas encore été.

Cette doctrine se fonde sur deux raisons principales. La première, c'est que les peuples peuvent abroger, par l'usage contraire, les lois reçues ; d'où la conséquence que c'est l'usage et le consentement des peuples qui donnent aux lois la force obligatoire, autrement ils ne pourraient pas la lui ôter. La seconde raison, c'est que les lois ne sont faites que pour le bien et l'utilité de ceux à qui elles sont imposées. Or, il est à peu près impossible qu'un empereur, un roi, un pape, un concile général puissent faire une loi qui s'adapte parfaitement aux mœurs, à l'esprit, aux institutions de plusieurs pays différents. Il est donc souverainement juste que ceux qui sont investis de l'autorité publique, dans chaque pays, aient le droit d'empêcher la promulgation même des décrets des papes et des conciles, lorsqu'ils jugent que, tout considéré, leur mise en vigueur offrirait plus d'inconvénients que d'avantages.

Bien plus, tous les canonistes s'accordent à dire que l'acceptation et le consentement des peuples sont encore plus nécessaires pour rendre obligatoires les lois ecclésiastiques que pour les lois civiles; celles-ci, en effet, n'ont pour objet que l'ordre extérieur et s'imposent au besoin par la force, tandis que les lois ecclésiastiques ont pour objet les intérêts spirituels et tirent toute leur force de la libre adhésion de la conscience : *Reges gentium dominantur eorum, nos vos autem sic.* Tel doit être, d'après J.-C. lui-même, l'esprit de l'autorité spirituelle ; tout ce qui porte le caractère de la domination et de la violence doit en être rigoureusement banni.

Ce droit de la puissance temporelle d'autoriser ou de défendre la mise en vigueur des décrets des souverains pontifes et des conciles, suivant qu'elle les juge conformes ou contraires aux intérêts publics, a été et est encore exercé, quoique sous des formes diverses, par tous les Etats catholiques, à l'exception de l'Autriche et de la Belgique, qui y ont renoncé depuis quelques années.

Si les limites dans lesquelles nous devons nous renfermer ici nous le permettaient, nous n'aurions pas de peine à prouver par les témoignages les plus péremptoires que le droit de vérification et d'*exequatur*, exercé dans les justes bornes de la modération, est conforme à l'esprit comme à la lettre du droit canon, qu'il a été formellement reconnu par plusieurs grands papes, et que les canonistes les plus autorisés de l'ancienne école ultramontaine le tiennent pour légitime, par la raison qu'il ne suppose pas dans le Pape défaut de puissance, mais seulement d'intention : *Non arguit defectum potestatis in summo pontifice, sed intentionis.* C'est ce qu'enseignait le cardinal Cajetan.

En France, le droit de vérification et d'*exequatur* a été plus rigoureusement exercé que dans les autres pays, parce que, comme le dit Bossuet, l'Eglise gallicane a conservé avec plus de soin que toutes les autres ces fortes maximes, qu'elle a trouvées dans les traditions primitives de l'Eglise universelle. Ce qui n'a pas empêché les papes de reconnaître toujours l'Eglise de France comme sa fille aînée. Le pape Alexandre III lui rendait solennellement ce témoignage, et Grégoire IX disait que, « après le Saint-Siège, cette Eglise était le miroir de la chrétienté et le fondement de la foi. »

Le principe de notre droit public, en ce qui touche le point en question, peut se formuler comme il suit : Les bulles doctrinales des papes sont bien à la vérité des lois générales de l'Eglise ; mais elles ne sont exécutoires qu'autant qu'elles ont été reçues par l'Eglise gallicane. Elles ont donc besoin d'être promulguées au préalable par les évêques, qui, eux-mêmes, ne peuvent faire cette promulgation qu'avec l'agrément de la puissance civile. Cette obligation s'étend aux décrets dogmatiques et aux canons des conciles même généraux, parce qu'il peut s'y mêler des dispositions se rapportant à la discipline, aux choses mixtes ou purement temporelles.

Cette doctrine est aussi ancienne en France que la religion chrétienne elle-même. Au neuvième siècle, Hincmar, archevêque de Reims, soutenait, contre le pape Nicolas Ier, que les décrets des souverains pontifes n'avaient force de loi pour les Français que lorsqu'ils avaient été insérés dans le code de l'Eglise gallicane. Les évêques de France ont toujours suivi ce principe, « de sorte, dit de Héricourt, que les bulles des papes n'ont force de loi en France que quand elles ont été confirmées par lettres patentes, enregistrées au parlement, acceptées par les pasteurs et publiées dans leurs diocèses. » « Nous ne croyons pas, dit Fleury (*Nouveaux opuscules*), que la seule volonté du Pape fasse ou abolisse les lois de l'Eglise ni qu'on soit obligé d'obéir en conscience sitôt qu'il y a une bulle plombée et affichée au Champ de Flore... Nous ne recevons les nouvelles bulles qu'après qu'elles ont été examinées comme il est dit... C'est-à-dire, comme il s'exprime ailleurs, qu'elles ne peuvent être ni publiées ni exécutées qu'en vertu des lettres patentes du roi, après avoir été examinées en parlement. »

Voilà la doctrine gallicane telle que nous la trouvons enseignée, à neuf siècles de distance, par le célèbre Hincmar et par le non moins savant que pieux abbé Fleury. Celle que les évêques de nos jours ont adoptée, sur la foi des docteurs de la Compagnie de Jésus, a toujours été repoussée, on peut le dire, avec mépris par leurs prédécesseurs, aussi bien que par nos anciennes cours souveraines (1) et par les grands magistrats qui les ont illustrées. Parmi ces jurisconsultes, qui savaient allier à un si haut degré la foi du chrétien aux devoirs du citoyen, il n'en est pas un seul qui ne professât cette maxime de d'Aguesseau : « Rescrits émanés du Pape ne peuvent obliger les sujets du roi (nous dirions aujourd'hui les citoyens), que lorsqu'ils sont revêtus de son pouvoir, ou de celui qu'il accorde aux compagnies souveraines de son royaume. » C'était la doctrine des Talon, des Chauvelin, des Séguier, des Servin, des Lamoignon.

L'avocat général Joly de Fleury montre les conséquences du principe contraire : « Si tous les décrets de la cour de Rome avaient force de loi dans les Etats catholiques, sans le secours de la puissance séculière, les censures, les excommunications, les interdits, les

(1) Lorsque Grégoire IX, soutien de la Ligue et dévoué à l'Espagne, lançait contre Henri IV ses bulles et ses monitoires, le parlement faisait brûler ces actes et décrétait de prise de corps le nonce Landriani qui avait prêté la main à leur publication. C'est encore sous les coups des parlements qu'ont expiré les bulles *Unam sanctam, In cœna Domini*, etc.

entreprises sur le temporel et sur l'autorité des rois seraient donc une loi souveraine à laquelle tous les fidèles seraient assujettis, et l'autorité des princes et des magistrats deviendrait impuissante pour arrêter le cours des nouveautés qui s'établiraient sans eux et malgré eux dans leurs propres Etats. »

Il n'a pas tenu à nos évêques que la doctrine qu'ils ont nouvellement adoptée n'ait produit chez nous toutes les conséquences que signale le célèbre avocat général.

En posant en principe que tous les actes du Saint-Siège ont force de loi au for intérieur, du moment qu'ils sont connus d'une manière certaine et indépendamment de toute promulgation proprement dite ; en faisant aux fidèles une *obligation de conscience d'adhérer d'esprit et de cœur* à tout ce qui est enseigné dans l'Encyclique *Quanta cura* et le *Syllabus*, et de condamner de même tout ce qui y est condamné, n'ont-ils pas renversé de leurs propres mains la barrière élevée par la loi contre des doctrines qui sont la négation des droits les plus essentiels de l'Etat, la négation de sa souveraineté, de son indépendance ?

En agissant comme ils l'ont fait, n'ont-ils pas failli à leur devoir comme citoyens, et à leur mandat comme fonctionnaires publics ? Car enfin, quoi qu'ils puissent dire, ils sont fonctionnaires publics : c'est l'Etat qui les nomme, les dote, les loge, leur confère tous les privilèges utiles et honorifiques dont ils jouissent, leur prête main forte pour l'exercice de leur autorité et donne à leurs ordonnances force exécutoire au for extérieur. Ils sont si bien fonctionnaires publics que, aux termes de l'article 6 du Concordat, ils sont tenus, avant d'entrer en fonctions, de prêter entre les mains du chef de l'Etat « le serment de fidélité qui était en usage avant le changement de gouvernement, exprimé dans les termes suivants : « Je jure et promets à Dieu, sur les saints Evangiles, de garder fidélité et obéissance au gouvernement établi par la constitution de la République française. Je promets aussi de n'avoir aucune intelligence, de n'assister à aucun conseil, de n'entretenir aucune ligue, soit au dedans, soit au dehors, qui soit contraire à la tranquillité publique ; et si, dans mon diocèse ou ailleurs, j'apprends qu'il se trame quelque chose au préjudice de l'Etat, je le ferai connaître au gouvernement. »

Ce serment, la plupart des évêques encore aujourd'hui en fonctions l'ont prêté, et il n'est pas admissible que le gouvernement actuel, en abolissant le serment politique, ait entendu supprimer les obligations qu'il formulait. Mais est-ce « garder fidélité et obéissance au gouvernement établi par la constitution de la République française, » que de se mettre en état de rébellion ouverte contre la loi, et de faire aux fidèles un devoir de conscience d'abjurer comme faux, insensés et impies les principes sur lesquels reposent toutes nos institutions et toutes nos libertés? Et que serait-il arrivée si, prenant au pied de la lettre les enseignements de leurs premiers pasteurs, les catholiques de tout rang et de toute condition s'étaient effectivement crus obligés en conscience de combattre, par tous les moyens en leur pouvoir, ces principes de 89 qui sont devenus l'évangile politique de la société moderne ? Il serait arrivé que la nation se trouverait aujourd'hui partagée en deux camps ennemis, prêts à en venir aux mains, et que nous serions peut-être appelés à voir se reproduire sous nos yeux les horreurs d'un autre âge. Grâce à d'impérieuses préoccupations d'un autre ordre, grâce surtout aux idées de tolérance qui sont passées dans nos mœurs, nous avons échappé et échapperons toujours, il faut l'espérer, à ce danger suprême ; mais on n'en a pas moins réussi à créer entre la société religieuse et la société civile un antagonisme profond, qui s'accentue chaque jour davantage et qui menace de passer à l'état inflammatoire. On a tout fait pour donner le change sur les causes de cet antagonisme et sur son objet. Indiquons-les en peu de mots.

S'il fallait en croire les mandements des évêques, les cris d'alarme des prédicateurs à la mode et les diatribes d'une certaine presse, la guerre que l'on fait au cléricalisme et au parti clérical aurait pour objectif direct la religion elle-même et ses ministres. Cela n'est vrai que des attaques qui partent de certains partis, de certaines écoles extrêmes.

Pour les hommes éclairés et sérieux de tous les partis, le cléricalisme, c'est l'ensemble de ces doctrines ultramontaines dont nous avons suffisamment indiqué les tendances et le caractère, et pour lesquelles notre pays a toujours éprouvé une répulsion instinctive. Le parti clérical, c'est ce parti politique qui a constamment repoussé ces mêmes doctrines lorsqu'il a été au pouvoir, et qui s'en fait en ce moment un levier pour essayer de renverser à son profit le gouvernement établi.

Le mot d'ordre du parti républicain, aux dernières élections, a été celui de guerre au cléricalisme et au parti clérical! Mais, dans leurs manifestes, dans leurs professions de foi, les chefs, ainsi que les candidats de ce parti, se sont nettement expliqués sur la signification qu'ils entendaient donner à ces deux mots; tous, ou presque tous, ils ont séparé la cause de la religion de celle du cléricalisme, et la cause du clergé séculier, nous voudrions pouvoir dire *national*, de celle du parti clérical, qui exploite au profit de ses ambitions, de ses intérêts et de ses haines, l'influence des croyances religieuses et de ceux qui les personnifient.

Qu'il y ait, dans les rangs du parti républicain, des hommes dont l'esprit et le cœur soient hostiles à la religion et au clergé, cela est incontestable, mais ce qui ne l'est pas moins, c'est que, chez la plupart d'entre eux, l'hostilité du cœur a sa source dans la

répugnance que leur inspirent les doctrines ultramontaines.

On ne saurait le dire trop haut, le parti républicain,
dans son ensemble, comme parti politique, abstrac-
tion faite des points de vue philosophiques et scienti-
fiques où il est libre à chacun de ses membres de se
placer, a le même respect de l'intérêt religieux que de
tous les autres intérêts de tel ou tel groupe de citoyens,
et ne saurait entretenir contre le catholicisme les préventions qu'on lui attribue. Mais il faut bien reconnaître aussi que ce n'est pas sans motif qu'on rend les
évêques responsables des démêlés qui existent en ce
moment entre la société civile et la société religieuse.
Est-ce que ce ne sont pas eux, en effet, qui, infidèles
à leur mandat et foulant aux pieds la loi, ont ouvert
à deux battants les portes de la France à ces doctrines antinationales qu'ils avaient mission de combattre, et à ces innombrables corporations religieuses,
de tout vocable et de toute livrée, qui en sont l'incarnation vivante et les infatigables propagatrices ? Ne
semblent-ils pas en outre avoir pris à tâche de blesser,
dans ce qu'il a de plus vif, le sentiment du pays, en
figurant, mitre en tête et crosse à la main, dans les
manifestations politico-religieuses de ces dernières
années, dont le but à peine déguisé était de créer, au
sein des populations, un courant d'opinion hostile à la
République et favorable au rétablissement du régime
de droit divin ?

Comment se fait-il que nos évêques, enfants du peuple pour la plupart, et qui, quelle que soit d'ailleurs leur naissance, devraient toujours être les frères des petits et des humbles, se soient posés en ennemis du droit populaire (1) et en alliés des anciennes castes privilégiées? La raison en est bien simple. L'épiscopat, tel qu'il s'est constitué en France, forme au sein de la société et de l'Eglise une véritable oligarchie, et cette oligarchie ne peut conserver ses privilèges et son omnipotence sur le clergé du second ordre qu'à la condition d'une alliance offensive et défensive avec un gouvernement fondé comme elle sur le droit divin: c'est ce que, sous la Restauration, on appelait *souder le trône à l'autel.* Et voilà ce qui explique pourquoi les évêques, après avoir admis comme parfaitement légitime le droit d'*exequatur* et d'*appel comme d'abus,* sous les Bourbons de la branche aînée et sous le premier empire (2), devenu de droit divin à leurs yeux par le sacre, l'ont repoussé comme une usurpation sacrilège

(1) A l'origine de l'Eglise tout se faisait avec et par le peuple; pape, évêques, prêtres, diacres sortaient de l'élection et comme de la conscience publique. La voix du peuple était proclamée voix de Dieu : *Vox populi, vox Dei.*

(2) En 1809, les archevêques de Lyon, Paris, Tours, les évêques de Nantes, Trèves, Verceil, Evreux, et le célèbre abbé Emery, consultés par l'empereur au sujet de l'article 1er des lois organiques, dont le Pape demandait l'abrogation, répondirent à l'unanimité que cet article devait être placé « parmi ceux qui ne sont que des applications ou des conséquences des maximes et des usages reçus dans l'Eglise gallicane, dont l'empereur ni l'Eglise de France ne peuvent se départir. »

et une tyrannie odieuse, sous le gouvernement de Juillet et le second empire, issus exclusivement l'un et l'autre du droit populaire.

Mais, si les évêques se sont mis au-dessus des lois et si nous sommes envahis à cette heure par les doctrines ultramontaines, la faute n'en est-elle pas aussi un peu à nos derniers gouvernements? L'Empire, pour ne pas remonter plus haut, crut pouvoir gagner les évêques à sa cause en les comblant de faveurs et en leur lâchant tout à fait la bride. Il en résulta que Napoléon III, aussi longtemps qu'il obéit à toutes leurs volontés, fut comparé, ni plus ni moins que son oncle, à Charlemagne, et à Pilate le jour où il s'avisa d'y résister. Une remarque analogue peut, toutes proportions gardées, être faite à propos du gouvernement actuel. Sous l'avant-dernier ministère, nous avons eu occasion d'entendre plusieurs évêques se flatter qu'ils n'avaient jamais été ni plus libres ni plus écoutés que sous la République. Ils s'accordaient à dire que tous les ministres qui se sont succédé aux cultes, depuis le 4 septembre, semblaient s'être donné le mot pour ne nommer aux sièges épiscopaux que des ultramontains triés sur le volet et agréés d'avance par le nonce. Détail caractéristique : notre gouvernement, et c'est là un de ses plus incontestables succès diplomatiques, a obtenu dernièrement la faveur de présenter deux candidats pour le chapeau. Sur qui s'est fixé son choix? Sur deux prélats qui se sont particulièrement signalés par leur zèle pour les doctrines ultramontaines ; l'un d'eux s'est même fait condamner comme d'abus, sous le gouvernement précédent, pour certaine allusion irrévérencieuse à l'adresse du chef de l'Etat.

On comprend la satisfaction de l'archevêque d'Aix, qui, pour un motif analogue, vient d'être frappé de la même censure : que la roue de la fortune fasse un nouveau tour, et le voilà, lui aussi, cardinal.

Autre fait qu'il importe de noter.

Tandis que notre gouvernement arrêtait son choix pour le chapeau sur les deux prélats que l'on sait, Léon XIII, là où il n'avait à consulter que ses préférences personnelles, portait le sien sur des hommes comme le grand oratorien Newmann, qui a réduit le *Syllabus* à la valeur d'un simple catalogue de librairie, et cet illustre archevêque de Colocza, le savant et libéral Haynald, qui fut, au concile du Vatican, l'un des adversaires les plus vigoureux et les plus éloquents des doctrines ultramontaines.

Ce rapprochement nous semble instructif. Ne prouve-t-il pas que, jusqu'à ces derniers temps, nos gouvernants se sont montrés plus ultramontains que le Pape lui-même? Aussi, nos évêques, tout en continuant à se lamenter bien haut dans leurs mandements, comme c'est de style, commençaient-ils à reconnaître tout bas que la République avait du bon.

Et les corporations religieuses donc ! Sous le règne de la République, la France a été véritablement pour

elles la terre promise, j'allais dire conquise. Rien ne
peut se comparer à la rapidité avec laquelle elles s'y
sont multipliées, si ce n'est la rapidité avec laquelle
elles s'y sont enrichies. Avant la grande révolution,
leur revenu s'élevait à 45 millions. Aujourd'hui, pour
approcher du vrai, il faudrait tripler, quadrupler
même peut-être ce chiffre.

En somme, tout allait donc assez bien, et les ultramontains auraient peut-être consenti à tolérer encore,
quelque temps au moins, la République, si de son côté
la République avait continué à tout tolérer de leur
part. Mais, sous la pression de la volonté du pays,
hautement exprimée par le caractère des élections
aux deux chambres, le gouvernement a dû se déclarer
résolu à observer et faire observer les lois concordataires; puis sont venus les deux projets de loi Ferry,
qui ont achevé de mettre le feu aux poudres et porté
à son comble l'irritation du parti ultramontain. A voir
la façon hautaine et menaçante dont il a relevé le
gant, on se rappelle involontairement le vers fameux
de notre grand comique :

La maison m'appartient, je le ferai connaître.

Et ce ne sera pas chose aisée, on peut nous en
croire, que de le déloger des positions dont il s'est
emparé.

Le gouvernement, nous l'avons montré, a laissé

s'émousser entre ses mains les armes que lui four-
nissaient les lois concordataires. En s'appuyant sur un
principe qu'ils ont emprunté à une doctrine d'impor-
tation étrangère, doctrine qu'on aurait pu et dû empêcher de prendre pied en France, les évêques ont
trouvé moyen d'éluder les articles 1 et 3 de la loi organique, qui consacrent le droit de l'Etat sur la réception et la mise à exécution des actes émanés de l'autorité spirituelle. Et, pour ce qui est de l'appel comme
d'abus, nous avons vu qu'ils ont mieux fait que de
simplement l'éluder; ils ont trouvé le secret de le
convertir en prime d'encouragement, en titre d'honneur !

Il nous reste à parler de l'article 24 de cette fameuse loi organique. Nous n'aurons pas de peine à
montrer qu'il n'est pas moins important en lui-même
que ceux que nous venons d'examiner, ni surtout,
dans l'état actuel des choses, moins dépourvu d'efficacité.

Cet article implique évidemment le maintien comme
loi de l'Etat de la déclaration de 1682. Mais le décret
du 25 février 1810 est encore plus explicite. Il est
ainsi conçu : « L'édit de Louis XIV, sur la déclaration
du clergé de France de ses sentiments touchant la
puissance ecclésiastique, donné au mois de mars 1682,
et enregistré lesdits mois et an, est déclaré *loi générale
de l'empire.* »

La jurisprudence des tribunaux, celle du conseil

d'Etat et la doctrine des jurisconsultes n'ont jamais varié sur ce point.

Parmi les considérants du décret présidentiel du 19 mai dernier, qui prononce d'abus contre l'archevêque d'Aix, on lit : « Vu l'article 1er de la déclaration du clergé de France du 19 mars 1682, l'édit du même mois et le décret du 25 février 1810... »

Il est donc incontestable que la déclaration du clergé de France et l'édit de Louis XIV de 1682 sont toujours loi de l'Etat.

Maintenant, si nous nous reportons à l'édit précité, nous voyons que l'obligation imposée par l'article 24 de la loi organique à ceux qui enseignent dans tous les séminaires de souscrire à la déclaration de 1682 et d'enseigner la doctrine qui y est contenue, s'étend à ceux qui sont choisis pour enseigner la théologie dans tous les collèges de chaque université, qu'ils soient séculiers ou réguliers; que défense est faite à tous séculiers et réguliers, sujets français ou étrangers, de quelque ordre, congrégation et société qu'ils soient, d'enseigner dans leurs maisons, collèges ou séminaires, ou d'écrire rien de contraire à la doctrine contenue dans la Déclaration ; qu'injonction est faite à tous les archevêques et évêques de France d'employer leur autorité *pour faire enseigner, dans toute l'étendue de leurs diocèses,* ladite doctrine; enfin, que les doyens et les syndics des facultés de théologie sont obligés de tenir la main à

5.

l'exécution de l'édit, *à peine d'en répondre en leur propre et privé nom.*

Nous omettons, pour abréger, de mentionner les mesures et formalités prescrites dans cet édit pour en assurer la rigoureuse exécution.

Voilà la loi ; quel est le fait ?

Pour avoir le fait, rien de plus simple ; il suffit de prendre en tout et pour tout le contre-pied de la loi.

Dans les établissements ecclésiastiques dirigés par des séculiers ou des réguliers, sujets français ou étrangers, non seulement on n'enseigne pas la doctrine contenue dans la déclaration de 1682, mais on y enseigne la doctrine tout opposée, c'est-à-dire ultramontaine.

Non seulement les archevêques et évêques n'usent pas de *leur autorité pour faire enseigner, dans l'étendue de leurs diocèses,* les maximes traditionnelles du clergé de France, mais ils enseignent eux-mêmes, dans leurs mandements et lettres pastorales, les maximes contraires. Tous les livres aujourd'hui en usage dans les séminaires, nous l'avons constaté, sont antigallicans et ultramontains. La théologie gallicane de Bailly, livre autrefois classique, a été mis à l'*index* en 1851. Le cours de droit canon de l'abbé Lequeux, ancien supérieur de séminaire, a été également mis à l'*index* vers la même époque et pour le même motif. Les Sulpiciens n'ont échappé à la mise à l'index de la théologie de leur ancien supérieur général, l'abbé Carrière, pour son opinion sur le pouvoir des princes à établir des empêchements dirimants dans le mariage, qu'en adoptant le Bréviaire romain et en ayant un représentant à Rome qui réponde de leur *orthodoxie*.

Et l'autorité civile, et les hauts fonctionnaires de l'ordre judiciaire qui ont qualité et mandat pour faire exécuter les lois en général et celle-ci en particulier, que faisaient-ils pendant ce temps-là? Ils assistaient les bras croisés à cette révolution dans l'enseignement ecclésiastique, à cette violation patente et universelle de la loi.

Mais voici qui est encore plus fort.

On sait qu'il existe des facultés de théologie, annexées à l'Université et subventionnées par l'Etat. Ainsi qu'il résulte de diverses déclarations ministérielles devant les chambres, ces facultés ont été instituées pour maintenir et propager l'enseignement des doctrines traditionnelles de l'Eglise de France, principalement en ce qui concerne les rapports du pouvoir spirituel et du pouvoir temporel. Or, la *République française* (28 novembre 1878) a prouvé, par des extraits d'un livre de l'abbé Puyol, ancien chapelain des Tuileries et actuellement suppléant de Mgr Maret à la Faculté de théologie de Paris, que les doctrines antinationales qui subordonnent le pouvoir temporel au pouvoir spirituel, aussi bien dans le domaine de la vie civile et politique que dans celui de la vie religieuse, sont ouvertement enseignées aujourd'hui dans les facultés de théologie de l'Etat.

Dans un second article (7 décembre), cette même feuille a prouvé de plus, par le témoignage même des deux derniers doyens de la Faculté de théologie de Paris, M. l'abbé Glaire et Mgr Maret, que les facultés de théologie de l'Etat *n'ont jamais exercé aucune influence sur le clergé;* qu'elles ont constamment *langui dans le triste sentiment de leur inutilité et de leur impuissance;* qu'elles ont été toujours de la part de l'épiscopat et du clergé l'*objet d'une défaveur marquée et d'une inquiète méfiance;* que les grades qu'elles confèrent, *dénués* de *toute* valeur canonique, ont achevé de perdre dans ces derniers temps le peu de signification qu'ils pouvaient avoir comme constatation d'une certaine somme de connaissances acquises en matière de science ecclésiastique...

A quoi cela a-t-il abouti?

M. l'abbé Puyol, qui s'est mis ouvertement en contravention avec la loi, continue paisiblement à suppléer Mgr Maret; et ce prélat, qui, en sa qualité de doyen de la Faculté, devrait *tenir la main à l'exécution de l'édit de 1682, à peine d'en répondre en son propre et privé nom,* placé entre son devoir envers l'Etat et la nouvelle foi que lui a imposée le Vatican, est condamné, comme évêque, à laisser enseigner ce qu'il est tenu de proscrire comme fonctionnaire public : exemple de l'Etat subordonné à l'Eglise par un ancien gallican, un des rares libéraux du haut clergé français !

Nous sommes tellement faits maintenant à toutes ces anomalies, que nous n'avons été nullement surpris de voir M. Ferry, surnommé *le Julien apostat moderne*, plaider, au sein de la commission du budget, la cause des facultés de théologie de l'Etat ; et nous ne serions pas surpris davantage de voir la Chambre des députés, qui jette les hauts cris lorsqu'on parle d'ajouter quelques sous au traitement modique des pauvres curés desservants, voter hardiment le budget de ces mêmes facultés de théologie.

Etant donnée la situation telle qu'elle nous apparaît, cela serait logique par la raison même que c'est absurde.

Rien de plus propre à faire toucher du doigt l'état d'anarchie intellectuelle et morale, religieuse et politique, dans lequel nous vivons, que le spectacle que voici : d'un côté, l'autorité civile affirmant en toute occasion que l'édit de Louis XIV, sur la déclaration du clergé de 1682, est toujours loi de l'Etat ; de l'autre, le clergé tant séculier que régulier, l'épiscopat en tête et y compris les facultés de théologie de l'Etat, condamnant comme hérétique la doctrine contenue dans ladite déclaration et enseignant comme seule orthodoxe la doctrine opposée ! Ne serait-il pas temps de mettre fin à un pareil gâchis ?

Ou bien le pouvoir civil estime que la loi en question n'est plus nécessaire pour sauvegarder les intérêts publics et ne la maintient que pour la forme, et alors mieux vaudrait cent fois l'abroger immédiatement, pour faire cesser ce scandale d'une loi générale de l'Etat publiquement et impunément foulée aux pieds par ceux-là mêmes qui doivent à tous l'enseignement et l'exemple du respect de la loi; ou bien, au contraire, il juge cette loi toujours nécessaire, et, dans ce cas, il faut en finir avec les déclarations platoniques et faire exécuter dans toute sa teneur l'édit de Louis XIV.

Mais ici se pose cette grave question : dans l'état actuel des choses, l'autorité civile pourrait-elle, si elle le voulait, obliger le clergé à se soumettre aux formalités prescrites dans l'édit de Louis XIV et à enseigner les quatre articles de la déclaration de 1682 ?

Rappelons d'abord que ces articles se réduisent aux deux maximes suivantes :

Première maxime : — L'autorité temporelle, le gouvernement de l'Etat, quelle qu'en soit la forme, est indépendant du pouvoir spirituel, en ce sens, surtout, que les papes ne peuvent s'attribuer le droit de déposer les rois et de délier les sujets du serment de fidélité, ni rien ordonner en France au préjudice des lois et des droits du pays.

Seconde maxime : — L'autorité du Saint-Siège n'est pas absolue, elle est réglée par les canons ; elle n'est pas infaillible ; elle n'est pas irréformable.

Il n'est pas inutile de faire remarquer que ces deux

maximes ne sont que *déclaratives*, c'est-à-dire que le clergé de France n'a jamais entendu les enseigner comme des articles de foi, mais seulement comme l'expression de sa doctrine, laquelle doctrine est fondée sur les décrets du concile œcuménique de Constance.

La première maxime n'est que la reconnaissance et la consécration du principe, fondé sur la nature même des choses, de la souveraineté et de l'indépendance du pouvoir temporel.

La seconde maxime a pour objet d'empêcher le pouvoir spirituel de dégénérer en pouvoir absolu, et de garantir contre ses entreprises les droits de l'Etat et ceux de l'épiscopat lui-même.

C'est à ces maximes que la France doit de n'avoir pas été entraînée par le grand mouvement de la Réforme ; car, ainsi qu'on l'a souvent dit, ce sont les pays qui s'étaient laissé envahir par les doctrines ultramontaines, comme l'Allemagne et l'Angleterre, qui ont rompu les premiers avec l'unité de l'Eglise et la principauté du Saint-Siège.

Mais elles n'en sont pas moins rejetées par l'épiscopat et le clergé d'aujourd'hui comme contraires aux décisions dogmatiques du Saint-Siège et d'un décret du concile du Vatican.

On aurait beau leur objecter que ces décisions et ce décret, n'ayant pas été promulgués en France, n'y ont, d'après les principes rappelés plus haut, aucune force obligatoire; ils ne manqueraient pas de répondre que, suivant leurs principes à eux, cette promulgation n'est pas nécessaire pour que les actes de l'autorité spirituelle obligent en conscience, et qu'il suffit qu'ils soient connus d'une manière certaine. Et si l'on essayait de les forcer dans ce retranchement, ils crieraient à la violation de la liberté de conscience, à la persécution, à la tyrannie, et tout ce que l'on gagnerait par les moyens de rigueur, ce serait de donner aux doctrines ultramontaines le prestige qui leur manque.

Que faire donc? Décréter la séparation de l'Eglise et de l'Etat?

Il est évident que, si l'on en venait à cette extrémité, ce serait sur le parti ultramontain que la responsabilité en pèserait tout entière.

N'est-ce pas ce parti, en effet, qui, par sa doctrine sur le caractère propre des concordats, place, comme nous l'avons dit, le chef de l'Eglise en dehors du droit commun et rend impossible toute négociation sérieuse avec lui? N'est-ce pas lui encore qui, en proclamant le pouvoir absolu du pontife romain sur le spirituel, a décrété du même coup, par voie de conséquence, sa suprématie sur le temporel, et l'a placé encore de ce chef en dehors du droit commun? N'est-ce pas lui enfin qui, en subordonnant l'Etat à l'Eglise, non seulement dans les choses de l'ordre surnaturel, mais encore dans celle de l'ordre purement naturel, rejette à son tour l'Eglise elle-même en dehors de ce même droit commun?

Et quelle responsabilité nos évêques n'ont-ils pas assumée pour leur part en s'inféodant à ce parti? En substituant, dans l'enseignement religieux, aux maximes traditionnelles de l'Eglise de France, qui sont la garantie nécessaire de l'indépendance du pouvoir temporel, ces doctrines d'outre-mont qui en sont la négation formelle; en faussant les principes du droit canon lui-même pour éluder, pour annihiler le droit de l'Etat sur la réception et la promulgation des actes émanant du pouvoir spirituel; en se posant en adversaires de la souveraineté du peuple et en alliés des champions du droit divin; en agissant ainsi, disons-nous, ne se sont-ils pas placés au-dessus des lois, c'est-à-dire en dehors du droit commun? N'ont-ils pas brisé eux-mêmes tous les liens qui rattachaient l'Eglise à l'Etat et rendu leur séparation inévitable, imminente peut-être?

CONCLUSION

Parmi les protestations dont les articles organiques
ont été l'objet, une chose nous aurait frappé certainement, si nous ne connaissions l'insatiabilité auto-
ritaire de l'épiscopat et le déplorable effondrement
des caractères amené et entretenu par lui dans les
rangs du clergé inférieur, c'est de n'en pas rencontrer
contre les clauses les plus anticanoniques, les plus injustes, les plus inhumaines. Nous ne sachions pas, en
effet, qu'aucun évêque ait encore protesté contre les
articles 31 et 63, qui, en supprimant l'inamovibilité
pour près de trente-cinq mille curés ruraux, ont livré
pieds et poings liés les dix-neuf vingtièmes du clergé
au pouvoir discrétionnaire le plus tyrannique. Il y a
plus : lorsque, en 1873, M. Jules Simon, alors ministre de l'instruction publique, adressa aux évêques
la fameuse circulaire dans laquelle il invitait ces seigneurs à augmenter le nombre des cures inamovibles
dans leurs diocèses, on ne lui répondit que par le
dédain, et il y en eut même qui allèrent jusqu'à qua-

lifier d'ingérence et presque d'empiétement sacrilège
cette trop timide démarche. L'un d'eux, entre autres,
l'archevêque de Rennes, paraissant avoir oublié,
comme tous ses confrères, du reste, que l'amovibilité
ne s'est établie en France qu'au mépris de droits tra-
ditionnels et en violation d'une loi générale de discipline consacrée par les conciles, depuis ceux de Nicée
et de Sardique jusqu'à celui de Trente, ne craignit
pas de laisser entendre que l'inamovibilité n'était pas
réclamée par les bons prêtres et que les mauvais seuls
la désiraient : il ne s'apercevait pas sans doute, en
avançant une pareille énormité, qu'elle impliquait une
censure à l'adresse de l'Eglise elle-même, et ne ten-
dait à rien moins qu'à provoquer le mépris des
hommes de cœur contre ce qu'il appelait les « bons »
prêtres. Et dire que des rangs du *bas clergé*, — dénomination si cruellement ironique, — il ne s'éleva pas
une voix pour rendre hommage à la pensée généreuse
d'un ministre républicain! En vérité, il y aurait là
de quoi surprendre, si l'on ne savait, d'ailleurs, que
l'un des effets les plus désastreux de l'arbitraire, effet
inévitable, est de faire perdre à ceux qui l'exercent
jusqu'à la notion du droit, et à ceux qui le subissent
jusqu'au courage et au désir même de le revendiquer!
Je ne suis pas sûr, tant la servitude a de charmes pour
ceux qu'elle a une fois *assottis*, suivant une expression
de la Boétie, que quelques-unes de ses victimes ne me
diront point, comme la femme de Sganarelle à M. Ro-

bert : « De quoi vous mêlez-vous? Je veux que l'on
me batte, moi ; il me plaît d'être battue.» En détrui-
sant l'indépendance des positions, dit une brochure
anonyme émanant d'un abbé, et que j'ai là sous les
yeux (1), on a détruit celle des caractères, et ensemble
leur dignité. « Peu s'en faut, — c'est toujours l'abbé
qui parle, — qu'on ne puisse appliquer au clergé de
notre temps ces fortes paroles de saint Thomas, qui
caractérisent si bien les effets du despotisme : *In ser-
vilem degenerant animum et pusillanimes fiunt ad omne
virile opus et strenuum.* »

Voici, d'après le même abbé encore, les conséquences qu'ont eues, d'autre part, pour le recrutement du clergé, les clauses 31 et 63 des *articles organiques*, celles probablement auxquelles faisait allusion
le premier consul Bonaparte, quand, après la signature du concordat, il disait à Cabanis qu'il venait
d'inoculer à la religion un virus qui la tuerait :

« En dépouillant le sacerdoce de ses garanties tra-
« ditionnelles, on a du même coup détruit son pres-
« tige et tari la source des vocations généreuses. Déjà
« il ne se recrute presque plus que par la charité, et
« l'insuffisance de ce moyen commence par se faire
« généralement sentir. De plus, ce mode de recrute-
« ment offre les inconvénients les plus graves, à raison
« de la situation actuelle du clergé, et cause à la re-

(1) *La question de l'inamovibilité canonique et la circulaire de M. Jules Simon, par l'abbé ***.*

« ligion les plus grands préjudices. Les prêtres puisés
« par la main de la charité dans les régions inférieures
« de la société se trouvent dans une position double-
« ment précaire. Ils sont dépourvus souvent à la fois
« de ressources du côté de leur famille et de toute
« garantie matérielle et morale du côté de l'autorité.
« Cette absence complète de sécurité brise le ressort
« de leur caractère et les rend pusillanimes et serviles ;
« car, comme le dit Horace :

« Qui metuens vivit liber mihi non erit unquam.

« C'est cette absence de sécurité pour le présent et
« pour l'avenir qui explique et justifie même jusqu'à
« un certain point cette âpreté au gain que l'on re-
« proche au clergé actuel. Que voulez-vous ? l'hon-
« neur et le pain sont suspendus à un fil qu'un souffle
« peut briser, et il n'a contre la flétrissure et la mi-
« sère qui peuvent l'atteindre d'autres ressources que
« celles qu'il aura su se ménager. Cette préoccupa-
« tion grandit à mesure qu'il avance en âge et qu'il
« voit approcher la vieillesse et les infirmités. Insensi-
« blement elle ferme son cœur aux sollicitations des
« misères qui l'entourent et l'habitue à considérer son
« ministère comme une industrie qu'il faut rendre le
« plus possible productive. »

Les évêques se plaignent de la diminution chaque
jour plus sensible des vocations sacerdotales. Cette

diminution est telle que, dans plusieurs diocèses, on compte par centaines les postes non desservis. Dans un livre récent qui a été remarqué, M. l'abbé Bougaud, vicaire général d'Orléans, s'est fait l'écho de ces plaintes et a recherché quelles pouvaient bien être les causes de ce qu'il appelle le « grand péril de l'Eglise de France. » Il en énumère plusieurs, mais, ainsi qu'on devait s'y attendre de la part du bras droit d'un évêque, il n'a garde de signaler la principale, l'arbitraire épiscopal. Ce sont les évêques eux-mêmes qui ont tari la source des vocations, en dépouillant le prêtre de toutes les garanties dont son existence matérielle et morale était autrefois entourée. Les meilleurs agents du recrutement du clergé étaient jadis les curés euxmêmes ; aujourd'hui c'est tout le contraire : nous avons eu maintes fois occasion d'entendre dire à de pauvres desservants qu'ils croiraient commettre une mauvaise action en encourageant personne à embrasser la carrière ecclésiastique. Et ce qui prouve bien que c'est à l'arbitraire épiscopal qu'il faut attribuer en majeure partie la pénurie des vocations, c'est que, tandis que le clergé séculier se meurt d'anémie, les corporations religieuses s'acheminent vers la pléthore ; jamais elles n'avaient été si florissantes. Il est positif que, de nos jours, c'est de ce côté que se portent de préférence les meilleurs sujets, comme s'ils espéraient y trouver des conditions plus en rapport avec une certaine distinction et un degré d'instruction supérieur. Un jour

viendra, si cela dure, et ce jour ne tarderait assuré-
ment pas, où, abandonné définitivement de tout ce
qu'il peut y avoir d'un peu mieux élevé et de tant soit
peu comme il faut dans les ordres sacrés, le ministère
des paroisses ne sera plus que le marmitonnage de
l'Eglise.

On pourra m'objecter que, au bout du compte, les
curés et desservants n'ont que ce qu'ils veulent bien
et que leurs affaires ne regardent qu'eux-mêmes. Je
ne suis pas de cet avis : les curés, les desservants surtout, ont la situation que l'Etat leur a faite, et comme
cette situation a trop largement bénéficié et continue
de bénéficier toujours aux ennemis de l'Etat, j'estime
que ce dernier est tenu, dans son propre intérêt, d'y
mettre ordre, en réparant d'abord le mal dont il est
l'auteur. Il y a, dans le parti républicain, une foule de
solides esprits, — je crois même que c'est la majorité,
— qui s'imaginent de bonne foi que la séparation cou-
perait court à tout. La plupart d'entre eux, ne con-
naissant et n'ayant guère connu d'autres milieux que
le leur, sont assez disposés à croire que la religion,
aujourd'hui, n'occupe guère plus de place dans la
pensée du plus grand nombre qu'elle n'en occupe dans
la leur. Prenant le dogme, qui n'est que la carcasse du
culte, pour l'âme même de la religion, ils se persua-
dent que, parce que la science en a définitivement
ruiné les assises, c'en est fait de la religion elle-même
et qu'il serait, par conséquent, aussi vain que ridicule

de s'intéresser à ce qui n'a plus que peu de temps à vivre. C'est à peu près ce que l'on pensait généralement vers la fin de la République romaine, lorsque le plus noble, le plus national des sanctuaires de la Ville éternelle, le temple de Jupiter Capitolin, était abandonné et en ruines; que Lucrèce publiait, aux applaudissements de toute la société savante de son temps, un poème où se trouvent si hardiment formulés des principes qui, envisagés comme base de méthode, sont ceux-là mêmes de la science moderne; que les femmes seules consultaient les augures et suivaient les cérémonies. Nous avons eu, pourtant, à la suite des savants et des philosophes, quinze siècles d'affaissement de l'esprit! Qui nous dit que les merveilleux efforts de l'activité humaine, en ce dix-neuvième siècle si grand, un des plus grands de toute l'histoire, ne seront pas suivis d'une de ces détentes où s'épuise l'innervation? Qui nous dit, en un mot, que, l'atavisme reprenant le dessus, grâce à un degré plus ou moins avancé d'épuisement possible, on ne verra pas l'humanité s'affaisser une fois encore dans les bras de l'empirisme mystique? Je sais que rien ne se perdra de ce qui a été accompli par nous, comme rien ne s'est perdu malgré quinze siècles d'engourdissement, peut-être d'incubation, de ce qu'avaient produit à la vie les civilisations antiques. Mais je ne suis pas certain que nos enfants ne rencontreront rien qui les attarde dans la voie où nous les aurons mis; qu'ils

6

continueront notre œuvre dans les conditions où
nous la leur laisserons, et que, avant qu'elle soit
reprise, il ne s'écoulera pas un intervalle plus ou
moins long de lassitude. Quand je vois ce que sont
devenus les fils ou petits-fils des bourgeois qui ont di-
vinisé Voltaire et fait notre grande révolution de 1789,
devant un tel appauvrissement de sang, comment
veut-on que l'inquiétude puisse être qualifiée de pes-
simisme? Le devoir de quiconque s'intéresse au salut
commun est de prévoir l'éventualité d'un arrêt dans
l'évolution des idées, pour aviser, dans la mesure de
son pouvoir, aux moyens d'en atténuer les conséquences; à plus forte raison, est-ce le devoir des gouvernements de rechercher et d'appliquer ces moyens.
Eh bien! j'ai la conviction profonde que, dans la situation actuelle de la société, nonobstant des conquêtes
morales que je crois trop récentes et trop rapidement
faites pour avoir poussé des racines suffisamment
nouées, la séparation de l'Eglise et de l'Etat ou, en
d'autres termes, l'abandon que ferait l'Etat de l'intérêt
religieux, d'un intérêt qu'il a le droit et le devoir de
protéger et de surveiller à l'égal de tous autres, tant
que ce pourra en être un pour une classe nombreuse
de citoyens, lui serait peut-être plus préjudiciable
qu'à l'Eglise. La suppression du budget des cultes
ruinerait très certainement le clergé séculier, dont le
recrutement, déjà difficile, serait arrêté du coup, mais,
en mettant l'Eglise dans la nécessité de se réorga-

niser sur une base de plus en plus régulière ou mona-
cale, cette suppression aurait des résultats tout à fait
contraires à ceux que l'on paraît en attendre. Du jour
où il n'y aurait plus ou qu'il y aurait insuffisance de
clergé séculier, est-ce qu'on pourrait sérieusement,
sans faire de la persécution, empêcher l'Eglise de se
recruter par la seule voie qui lui resterait ouverte? Le
maintien du budget ecclésiastique, aussi longtemps
qu'il y aura des fidèles, est la base la plus ferme sur
laquelle l'Etat puisse fonder son action, action, du
reste, tout à fait légitime à cette condition, contre les
congrégations religieuses. La suppression de ce budget
aurait pour conséquence le groupement du corps des
fidèles, sous l'aile du clergé régulier, autrement dit
« moinerie », en une sorte d'immense tontine, que
l'on ne pourrait empêcher et qui préparerait une dissolution du lien national. Je suis donc ici de l'avis de
Proudhon : « Tant que la religion, a dit un jour ce
« profond penseur, aura vie dans le peuple, je veux
« qu'elle soit respectée extérieurement et publique-
« ment. Je voterai donc contre l'abolition du salaire
« des ministres du culte. Eh! pourquoi, avec ce bel
« argument que ceux-là qui veulent de la religion
« n'ont qu'à la payer, ne retrancherait-on pas du
« budget social toutes les allocations pour travaux
« publics? Pourquoi le paysan bourguignon paierait-
« il les routes de la Bretagne, et l'armateur marseil-
« lais les subventions de l'Opéra? Je ne parle pas des

« considérations politiques bien plus puissantes encore
« et qui ne sauraient échapper à personne. »

Je n'insisterai pas davantage sur une question qui,
pour être traitée comme elle le devrait, exigerait des
développements que ne saurait comporter cette brochure. Je n'ajouterai qu'une chose, c'est que, à mon
avis et suivant la connaissance que je puis avoir de
l'histoire des variations humaines, les politiques qui,
sous couleur de liberté ou pour d'autres raisons, demandent la séparation de l'Eglise et de l'Etat, dans le
sens absolu du mot, ne sont pour la plupart que des
hommes du moment, non des esprits philosophiques :
sans mettre le moins du monde en question leur sin-
cérité, je ne crois pas qu'ils aient le cerveau suffisamment dégagé de préventions.

Puisqu'il n'y a pas à songer à une séparation, il importe que l'Etat s'applique au plus vite à régulariser
lui-même sa situation, à régler au mieux de son intérêt ses rapports avec la religion. De tout ce qui a
été dit, tant au sujet du Concordat de 1801 que des
articles organiques, il ressort que cette législation est
caduque : l'Etat ne sait point ou ne veut pas la faire
observer, et l'Eglise ne cesse d'y déroger tous les jours
et de protester par ses actes autant que par ses paroles
contre ce qui n'est plus ou n'a jamais été de son goût.

Cette anarchie ne saurait durer plus longtemps : il
faut y couper court au plus vite. De fait, la séparation
serait la conséquence logique de la situation. Rien ne

tenant plus de ce qui réglait les rapports de l'Etat
avec l'Eglise, les empiétements incessants d'un épiscopat devenu ultramontain, et les nouveautés dogmatiques ayant changé du tout au tout les conditions de
ces rapports et détruit les bases sur lesquelles repo-
saient les conventions, il n'existe plus entre les deux
pouvoirs qu'un face-à-face équivoque pouvant dégénérer demain en une prise violente.

Tout en respectant la liberté de l'Eglise, l'Etat a le
droit de déterminer, dans les limites du temporel, son
propre *modus vivendi* à l'égard de cette même Eglise.
Il a, en conséquence, le droit, et c'est son devoir, de
maintenir, à titre de règle de conduite, tout ce qui,
dans le Concordat et les articles organiques, a pour
objet d'assurer la protection et la surveillance de
l'exercice du culte. Il a, entre autres, le droit de ne
vouloir que les pasteurs qu'il aura lui-même reconnus,
et la protection qu'il doit à l'intérêt religieux exige
que, nommés ou acceptés par lui, ces pasteurs tant
évêques que curés, soient honorablement rémunérés
et défrayés, au compte du budget, de toutes les
dépenses nécessaires à la libre, pleine et entière exécution de leur service. Moins il lésinera sur ce chapitre et moins il apportera d'entraves à l'exercice du
culte, plus il sera autorisé à exiger de l'Eglise le respect de ses propres droits à lui. C'est pourquoi je ne
voudrais pas non plus que, sous prétexte de retour
au droit commun, on soumît les vocations sincères du

ministère des paroisses, sinon, bien entendu, celles des congrégations religieuses, à des épreuves de nature à en diminuer encore le nombre, déjà si restreint, au seul et unique profit du clergé régulier, comme serait, par exemple, la soumission de tous les clercs, sans distinction, à l'obligation du service militaire.

Un des premiers devoirs de l'Etat, j'entends l'Etat républicain, est, à l'heure présente, de rétablir l'inamovibilité civile des desservants et d'imposer à l'épiscopat l'inamovibilité canonique. Que le gouvernement ait le droit de rétablir ce qu'il a lui-même détruit, c'est ce qui ne saurait le moins du monde faire l'objet d'un doute, attendu, d'ailleurs, la caducité des articles organiques. Quant à l'inamovibilité canonique, en disant, ce qui a dû paraître une énormité, que l'Etat avait le droit de l'imposer à l'épiscopat, je n'empiète nullement, comme on pourrait le croire, sur les droits de l'Eglise. Je le prouverai.

Qu'est-ce d'abord que l'inamovibilité canonique ? Elle consiste, aux termes du droit canon, en ce que tout « pasteur ayant charge d'âmes ne peut, sauf en certains « cas rigoureusement définis, ni être changé sans son « consentement, ni suspendu, ni interdit, ni révoqué, ni « déposé qu'après un jugement rendu dans les formes « canoniques. » Il est bien évident que, sans celle-là, l'inamovibilité civile n'est qu'un mensonge. Si l'évêque conserve le droit de suspendre, interdire et révoquer sans jugement celui qu'il ne peut changer, à quoi peut bien être utile au desservant, ainsi rendu incapable de servir, l'inamovibilité dont l'Etat l'aura gratifié ? Ce qui importe au curé, c'est l'inamovibilité canonique. Or, cette inamovibilité est fondée sur une loi générale de la discipline ecclésiastique qui a été sanctionnée par une foule de conciles, depuis ceux de Sardique et de Nicée, comme je l'ai dit plus haut, jusqu'à celui de Trente, et consacrée par la pratique constante et universelle de l'Eglise. Et cette loi est encore en vigueur dans toutes les églises de la catholicité, à l'exception de celles de France et de Belgique, qui subissent toujours le régime introduit par les articles organiques. Mais ces articles, émanant exclusivement, ainsi que nous l'avons démontré, de l'autorité civile, ont-ils bien pu abroger une loi d'ordre purement ecclésiastique ? Non : ils ont pu en suspendre les effets au point de vue civil, mais ils n'ont pu l'abroger, cela est incontestable. En droit, l'inamovibilité canonique n'a donc jamais cessé d'exister, et les évêques sont d'autant moins fondés à s'autoriser des articles organiques pour s'affranchir d'une loi universelle de l'Eglise, qu'ils ont, à l'exemple de Rome, constamment dénié à ces articles toute force obligatoire, et qu'ils ne se sont fait d'ailleurs aucun scrupule de se soustraire personnellement à toutes celles de leurs dispositions qu'ils ont trouvées gênantes.

En 1848, le comité des cultes de l'Assemblée constituante décida que l'art. 31 de la loi organique était

« rapporté en ce qui concerne la révocabilité des
« desservants, et qu'il serait ouvert immédiatement
« des négociations avec le souverain Pontife pour
« régler les conditions d'après lesquelles devait être
« rétablie l'inamovibilité de ces mêmes desservants. »
Le gouvernement actuel de la République ne pourrait-
il pas reprendre la pensée de la Constituante de 1848?
Nous croyons que non seulement il le pourrait, mais
qu'il le doit. La question serait uniquement de savoir
s'il est préférable d'entrer en négociations avec le
Pape plutôt que d'agir directement pour ramener l'é-
piscopat à l'observation d'une loi canonique. Je crois
que les égards qui sont dus à une autorité auprès de
laquelle nous entretenons un ambassadeur exigent
que l'on essaie d'abord des négociations, sauf à recourir au second moyen dans le cas où elles n'abou-
tiraient pas.

Que l'Etat soit fondé à imposer à l'Eglise, ainsi que
je m'exprimais plus haut, l'obligation de se gouverner
conformément à ses propres statuts, c'est-à-dire suivant le mode qui a déterminé et qui règle la conduite
de l'Etat à son égard, c'est incontestablement ce
qu'implique la protection dont elle est l'objet. « Quand
« une religion est admise, a dit Portalis, on admet
« par voie de conséquence les principes et les règles
« d'après lesquels elle se gouverne, » ce qui signifie,
en d'autres termes, qu'elle est admise dans la mesure
de ces mêmes règles et principes. Et M. Emile Ollivier,

qui n'est certes pas avare de concessions à l'Eglise et
de flagorneries à l'égard des évêques, reconnaît lui-
même que « le conseil d'Etat aurait dû déclarer
abusive et casser toute sentence rendue contre un
curé inamovible, — j'ajoute, pour mon compte, inamovible canoniquement, — sans le concours d'une
officialité régulièrement constituée, » ainsi que le veut
le droit ecclésiastique. Il dit encore que le même
conseil d'Etat aurait dû imposer aux évêques le rétablissement des officialités en vertu de l'article des lois
organiques qui fait un cas d'appel comme d'abus « de
l'infraction des règles consacrées par les canons reçus
en France (1). »

En conséquence, que l'on réforme d'abord le conseil
d'Etat, qui, pour beaucoup d'autres raisons, est entiè-
rement à refaire ; qu'on le compose d'hommes sérieux,
uniquement préoccupés de l'intérêt exclusif qu'ils sont
chargés de représenter, et les évêques, qui arguent
du silence de leurs desservants pour leur refuser un
droit que ces victimes de l'arbitraire ne songent nullement, disent-ils, à réclamer, verront ce que vaut
leur argument. Une fois le conseil d'Etat remis en
possession du pouvoir de cassation, dans les affaires
dont il s'agit, et l'appel comme d'abus accompagné
d'une sanction pénale, il faudra bien que l'on s'exé-
cute. Il ferait beau voir le Pape infaillible infirmer par

(1) *L'Eglise et l'Etat au concile du Vatican*, t. Ier, p. 287.

des décisions contraires ce qu'ont établi, dans le domaine de la discipline, des autorités tout aussi infaillibles que la sienne, celle de ses prédécesseurs et celle des conciles œcuméniques! Ce serait un spectacle vraiment édifiant que, après avoir déclaré par la bouche de Pie IX, dans l'affaire de l'abbé André, que, « contrairement aux arrêts du conseil d'Etat, le déplacement ou la révocation d'un curé rural, dit improprement desservant, n'est pas considéré comme un acte administratif placé au-dessus de tout recours, » la papauté se montrât revêche au conseil d'Etat pour raisonner comme elle! Et puis, que penserait le bas clergé, que pourrait-il penser du double jeu d'une autorité, qui, après l'avoir attiré à elle par toutes sortes de captations, le rejetterait brutalement dans la gueule du loup? On n'ignore pas, à Rome, que ce qui a poussé le clergé français dans les voies de l'ultramontanisme, c'est uniquement le régime autocratique inauguré par les évêques sous l'empire des articles organiques. Est-ce que le bas clergé n'aurait pas le droit de tenir au Pape le langage de notre peuple à la royauté: « Quand vous avez eu besoin de notre appui contre les seigneurs féodaux, vous avez favorisé l'émancipation de nos communes et le développement de nos franchises municipales; aujourd'hui que, grâce à nous, vous avez vaincu et dompté ces mêmes seigneurs, qui, de vos pairs qu'ils étaient, sont devenus par nous vos très humbles sujets, et que vous n'avez plus à redouter

de ligue de leur part, vous vous coalisez avec eux
contre nous ! L'ennemi, c'étaient eux autrefois ; l'ennemi, c'est vous aujourd'hui ! Vive la République ! »
Domat avait coutume de dire : « Me sera-t-il donné
avant de mourir, de voir un pape chrétien sur la chaire
de Saint-Pierre ? » Une occasion s'offre à Léon XIII de
montrer qu'il peut être celui-là. La saisira-t-il ? C'est
ce que l'on paraît espérer, dans les rangs du clergé
inférieur, de l'esprit de conciliation dont on le dit
animé.

En attendant, l'Etat, qui n'a pas de temps à perdre,
fera bien de se mettre à l'œuvre. Il doit aux desservants l'inamovibilité et le rétablissement des officialités
diocésaines pour les raisons que nous venons de dire,
et pour une autre que voici.

Quand l'interdit a frappé un prêtre, ce n'est pas
seulement un homme perdu dans l'esprit de ses pairs,
c'est un misérable, un maudit, que la société rejette,
que repoussent tous les milieux, même les milieux
républicains ; c'est, en un mot, un échappé de bagne.
Dans de semblables conditions, en présence de conséquences aussi désastreuses pour qui n'a cessé d'être
citoyen et d'avoir droit à la protection efficace de
l'Etat, on est autorisé à se demander si l'Etat n'a pas
le devoir de connaître de décisions ayant une portée
civile de cette nature, et s'il peut, sans que sa responsabilité y soit engagée, laisser ainsi fouler aux pieds
de l'opinion et exposer au discrédit, non seulement

pour son honneur, mais encore pour ses intérêts, un malheureux dont tout le crime consiste souvent en une virile résistance à ce que nous savons maintenant n'être, au point de vue canonique même, que de l'arbitraire. Que la monarchie, de droit divin ou d'origine démocratique, royauté ou empire, ne l'ait pas ainsi pensé, cela se conçoit. Portalis avoue naïvement que, en supprimant l'inamovibilité des desservants et les officialités diocésaines, le premier consul espérait, tenant les évêques, avoir en eux par ce moyen une garantie de la fidélité des inférieurs. Nous avons vu que c'est le contraire qui est arrivé. De toutes façons, la République, qui n'a pas les mêmes intérêts et qui, de plus, a un souci plus grand de la justice et de la dignité humaine, ne saurait tolérer plus longtemps un état de choses qu'on ne souffrirait ni en Allemagne, ni en Autriche, ni en Italie, ni même en Espagne. Il y a dans le clergé bien des brebis galeuses, mais il y a aussi beaucoup de braves gens, simples et bons, qui, pour s'être faits prêtres, n'ont pas perdu leur titre de citoyens français et ont droit comme tout le monde à ce que leur considération trouve l'abri qui lui est dû sous le couvert de l'Etat.

L'inamovibilité civile et canonique rendue aux desservants, tout ne sera pas dit par là ; il y aura encore à régler la question des corporations religieuses.

A en croire les promoteurs du pétitionnement contre la loi Ferry, le clergé séculier considérerait sa cause comme essentiellement liée à celle de ces corporations. Qui parle ainsi? Les évêques. Il y a long-temps que Sophocle l'a dit : « Entre autres privilèges, la tyrannie a celui de faire dire ce qui lui plaît (1). » S'il était permis au clergé séculier d'élever la voix autrement que pour acclamer les faits et gestes de ses supérieurs, il dirait, au contraire : S'il y a un fait démontré, patent, indiscutable, c'est que de tout temps le clergé séculier a été subalternisé, appauvri, inquisitionné et opprimé par le clergé régulier : témoin les procès d'inquisition pour la foi et de sorcellerie, où les curés et vicaires de paroisses figurent comme accusés et victimes pour une si bonne part. Avant 89, par qui étaient possédés les gros bénéfices, les grasses prébendes, les opulentes abbayes? Par le clergé régulier. Que laissait-il au clergé séculier? Quelques misérables curés rurales et la portion congrue, c'est-à-dire bien juste de quoi ne pas mourir de faim. Et, de nos jours, où vont s'engouffrer les libéralités des fidèles, à qui appartient le monopole de la prédication d'apparat, de la direction des consciences distinguées, de l'éducation des fils de famille, des grandes institutions d'éducation et de bienfaisance? Aux corporations religieuses. Que reste-t-il au clergé séculier? Dans les villes, l'enseignement du catéchisme aux enfants du peuple, les prônes du dimanche, ce qu'on appelle le

______

(1) *Antigone.*

7

gros ouvrage journalier, qui ne serait pas, je l'avoue, bien fatigant, si les inventeurs de dévotions ne venaient l'empâter à chaque instant de quelque pratique nouvelle. Dans les campagnes, il a, en outre, pour partage l'isolement et les mille tracasseries de la vie au milieu des bons villageois, sans compter la crainte toujours présente de la dénonciation et du coup de crosse épiscopal, qui précipite celui qu'il atteint dans la boue du ruisseau. Ah! que voilà une belle identité de cause et probablement aussi d'intérêts entre le clergé repu et celui qui vit des miettes de sa table!

Il est du devoir des chefs du grand parti républicain de dégager nettement les responsabilités, de poser la question dans ses vrais termes et d'éclairer l'opinion, qui, sans cela, pourrait prendre le change. Il faut qu'il soit bien démontré, comme l'a, du reste, si énergiquement et si sagement affirmé Gambetta à maintes reprises, que le gouvernement de la République ne veut porter aucune atteinte aux droits de l'Eglise, ni aux éléments nécessaires de son organisation. Les corporations religieuses, on ne saurait trop le redire, ne font pas partie intégrante de cet organisme. Elles ne sont, elles ne doivent être qu'un rouage accessoire et subordonné. La hiérarchie ecclésiastique de droit divin, selon la terminologie scolastique, ne se compose que d'un chef suprême, le Pape, centre de l'unité, d'évêques, de prêtres et de diacres. On ne saurait non plus trop appuyer sur ce fait, que le Con-

cordat, art. 11, 12, 13, ne reconnaît comme indispensables au culte que les évêchés, les cures, les chapitres et les fondations en faveur des églises; du
consentement des deux parties contractantes, aucune
clause n'y fut insérée en faveur des corporations religieuses, et Portalis en donne la raison : « Le Pape,
dit-il, avait autrefois dans les ordres religieux une
milice qui lui prêtait obéissance, *qui avait écrasé les
vrais pasteurs et qui était toujours disposée à propager
les doctrines ultramontaines...* Désormais nous n'aurons
plus qu'un clergé séculier, c'est-à-dire des évêques et
des prêtres. »

Dans la séance du 5 juillet dernier, de la Chambre
des députés, un honorable clérical, M. Keller, n'en a
pas moins cru pouvoir affirmer, sans provoquer d'interruption, que le Concordat a « formellement » autorisé un grand nombre de congrégations. Il a même
ajouté que le Concordat pouvait être considéré comme
ayant implicitement rappelé les Jésuites, ce qui nous
paraît dépasser considérablement la mesure des immunités parlementaires (1).

(1) Toutes les corporations et congrégations ecclésiastiques et
laïques, dûment autorisées, qui existaient avant la Révolution,
furent supprimées par la loi du 18 août 1792, quelle que fût
leur dénomination, ainsi que toutes les confréries et autres
associations de piété et de charité.

Quelques agrégations ou associations religieuses ayant essayé
de se former sous l'Empire, un décret du 12 juin 1804, rédigé
par Portalis, en prescrivit la dissolution.

Le Code pénal de 1810, art. 291, prononce également la dis-

Mais, du moment qu'elles ne sont pas un des élé-ments essentiels de la hiérarchie ecclésiastique, les corporations religieuses, cela est évident, ne sont pas fondées sur ce qu'on appelle en théologie le droit divin.

Elles ne le sont pas davantage sur le droit naturel : d'abord, parce que, à proprement parler, il n'y a de droit naturel que la famille et la société avec ses conditions essentielles ; ensuite, parce que, d'après l'enseignement des théologiens de l'école ultramontaine elle-même, elles ne peuvent avoir une existence réelle dans l'ordre spirituel que moyennant l'approbation formelle de l'autorité qui préside à cet ordre. Et ce qui confirme cette thèse, c'est la défense, portée par Innocent III au quatrième concile de Latran, et par Grégoire X au deuxième concile de Lyon, de créer de nouveaux ordres religieux.

On sait comment cette défense fut observée. C'est à partir de cette époque que l'on vit pulluler et se répandre dans le monde ces nouveaux ordres de moines mendiants, « dont l'esprit, dit Mézerai, était tourné à la besace, et les nommait-on presque tous besaciers... Ils furent la sauterelle qui achève tout ce que la che-

solution de toute association non autorisée. La loi du 10 avril 1834 sur les associations a complété cette législation :

« La corporation religieuse est réglementée par la loi du 3 messidor an III, du 3 janvier 1817 et du 24 mai 1825. Elle ne peut être créée qu'avec l'autorisation législative ; cette autorisation ne peut donc être tacite ni résulter d'une tolérance, quelque longue qu'elle ait été. Toute corporation non autorisée est dissoute, sans qu'aucune peine atteigne ceux qui la composent. »

nille (les anciens ordres religieux, qui s'étaient partagé la graisse de la terre) n'a pas dévoré. Sous cet extérieur humble, ils devinrent si puissants, dit encore Mézerai, que, s'ils eussent bien ménagé leur prospérité, la faveur des grands et l'engouement du peuple, ils se fussent rendus maîtres de l'Eglise et de l'Etat. »

Comme on le voit, c'est toujours au fond la même histoire, avec cette différence que les moines mendiants de nos jours ont remplacé la besace où s'engouffrait la victuaille par le portefeuille où s'entassent de bonnes valeurs mobilières, faciles à déménager et qui échappent à tout contrôle.

Comme on le voit encore, les prohibitions de la loi civile n'ont pas été plus efficaces que celles de la loi ecclésiastique pour arrêter leur éclosion et leurs envahissements, si bien que, de nos jours aussi, si l'on n'y mettait ordre, ils se rendraient maîtres de l'Eglise et de l'Etat.

S'il est un droit qui, dans tous les temps et sous tous les régimes, ait été considéré du consentement général comme un apanage inaliénable de la puissance publique, c'est celui qui subordonne à l'autorisation de la loi la création et l'existence de toute corporation, notamment de toute corporation religieuse.

« Le temps présent, dit M. Dupin (*Manuel du droit ecclésiastique français*), n'est pas celui où l'on pourrait se relâcher, sans avoir bientôt à s'en repentir, des règles salutaires et des exemples que nous ont laissés les âges précédents. »

Jamais, au contraire, il ne fut plus nécessaire d'appliquer les lois qui concernent les congrégations, parce que jamais elles ne se sont multipliées avec autant de rapidité; jamais elles n'ont été aussi riches, aussi puissantes, aussi envahissantes ; jamais elles ne se sont autant mêlées à la société, à ses intérêts, à ses passions, pour les influencer dans un sens hostile à nos libertés et à nos institutions ; jamais, non plus, elles n'ont été aussi fortement organisées et n'ont propagé avec autant d'ardeur, d'ensemble et d'audace les doctrines ultramontaines.

Point n'eût été besoin, du reste, d'édicter de nouvelles lois pour réprimer leurs agissements et les faire rentrer dans l'ordre. Celles qui régissent la matière peuvent suffire, à la condition qu'on les applique avec fermeté et sans se laisser impressionner outre mesure par des menaces qui, après tout, ne sont à redouter que quand on les redoute.

Rien de plus sage, d'ailleurs, que ces lois. Elles garantissent dans une juste mesure les droits de l'Etat. Elles sauvegardent les intérêts des familles en les mettant à l'abri de ces captations pieuses que certaines congrégations ont élevées à la hauteur d'une industrie et qui éclatent parfois en bruyants scandales. Elles ne sont pas moins salutaires pour les corporations religieuses elles-mêmes, qu'elles prémunissent contre cette insatiable avidité des biens périssables de ce monde qui contraste si fort avec leur vœu de pauvreté, et qui trop souvent fausse la conscience de certains de leurs affiliés, au point de leur faire trouver légitimes les manœuvres les plus frauduleuses, quand il s'agit d'enrichir leur communauté.

Quant aux publicistes qui poussent la logique de leurs principes jusqu'à réclamer la liberté absolue d'association et d'enseignement, nous leur répondrons d'abord par ce mot d'un écrivain contemporain : « Il n'y a rien d'absolu dans les choses humaines, si ce n'est que, dans les choses humaines, il n'y a rien d'absolu. » Nous les engageons ensuite à lire le livre que le savant jurisconsulte Bonghi a publié dans ces derniers temps, sous ce titre : *Les Associations religieuses et l'État*. Ils verront démontré par les faits que le principe de liberté d'association, sans qu'il y ait reconnaissance de la personnalité juridique, qui seule rend capable d'acquérir et de posséder sous les conditions déterminées par la loi, a eu pour effet de multiplier outre mesure les associations en question, malgré toutes les dispositions légales imaginées comme entraves; et il le montre avec l'évidence des chiffres pour la Belgique, la France et la Prusse. Dans les pays, au contraire, comme l'Autriche et la Bavière, où s'est maintenu le principe opposé, à savoir, que les associations religieuses ne peuvent se constituer sans l'autorisation du pouvoir, mais jouissent de la personnalité juridique dès qu'elles sont constituées, le nombre des corporations religieuses s'est maintenu dans des limites plus rationnelles.

On s'explique aisément, du reste, pourquoi une foule de congrégations religieuses qui se sont établies dans ces derniers temps ne demandent pas à être reconnues et autorisées. Le régime de la tolérance leur est infiniment plus avantageux. Par les fidéicommis et les substitutions, elles se soustraient aux droits du fisc, au moins dans une certaine mesure, et reçoivent de toute main sans passer par le contrôle de l'Etat.

Si, dans la grave question des congrégations religieuses, l'Etat n'avait devant lui que des doctrines spéculatives, du genre des philosophies spiritualiste, matérialiste, positiviste, ou autres, je me rangerais sans hésiter du côté de ceux qui, refusant de reconnaître à l'Etat un droit quelconque de charge d'âmes, veulent la liberté absolue de l'enseignement et de la propagande pour tous. Mais, pour le quart d'heure, il y a en jeu quelque chose de plus. Ce qui est en litige, c'est bel et bien une affaire politique, et ce n'est que subsidiairement que la liberté religieuse s'y trouve mêlée. S'il est démontré, comme il doit l'être, en effet, pour tout œil tant soit peu clairvoyant, que ce que visent et poursuivent les congrégations non autorisées, comme résultat immédiat à obtenir, ne peut être et n'est réellement, en dépit de toutes protestations hy-

pocrites contraires, que ce qu'impliquent leurs principes connus sur le gouvernement du monde et ce
que poursuivent les partis qui les défendent, à savoir,
la substitution d'une autre base à celle de l'ordre de
choses actuel, il devra paraître fort singulier de voir
des républicains s'obstiner à maintenir la question
sur le terrain où l'ont posée leurs adversaires et qui
n'est pas le véritable, celui de la liberté. Ce dont il
s'agit, pour la République, dans la lutte présente, c'est
de son existence même : elle combat, non pas pour
défendre seulement les droits et les prérogatives de
l'Etat, mais pour défendre sa propre vie. Elle est dans
ce qu'on appelle le cas de légitime défense, et les
coups qu'elle porte, pour parer sa tête, n'ont rien de
commun avec ceux qu'elle pourrait être libre de porter
ou de ne pas porter. Soyons francs : est-ce que la
République, chez nous, est incontestée, par conséquent
libre de ses mouvements, comme elle l'est en Suisse ou
aux Etats-Unis ? En d'autres termes, tant qu'on n'aura
pas une administration républicaine, une magistrature
républicaine, une armée républicaine, un clergé répu-
'blicain, un conseil d'Etat républicain ; tant que le
fonctionnement de la République, en un mot, ne sera
point celui que comporte une constitution républicaine, il y aurait folie à assimiler cette république à
celles que je viens de dire. La République pourra être
tout à fait libérale, quand elle sera tout à fait libre ;
jusque-là, et tant que ses ennemis la tiendront dans

7.

la nécessité de légitime défense, si elle ne se défend point, c'est qu'elle ne tient pas à la vie. Et qu'on ne vienne pas me parler de *Culturkampf*. Il s'agit bien vraiment d'une lutte pour la civilisation! Cela regarde moins l'Etat que les écoles, et pour cette lutte je veux et demanderai la liberté pleine et entière. Mais ce dont il s'agit ici, je le répète, c'est de la société moderne, et, pour la République plus immédiatement, d'être ou de ne pas être. Tant pis pour celles des congrégations religieuses dont l'action se lie à celle de ses ennemis. Ce n'est pas, encore une fois, à leur religion qu'on en peut vouloir.

Pour nous résumer, nous disons : Protection et surveillance de l'intérêt religieux, tant que ce pourra en être un pour une classe nombreuse de citoyens; maintien du budget des cultes et des garanties indispensables au recrutement du clergé séculier; rétablissement de l'inamovibilité civile et canonique, ainsi que des officialités et des recours au conseil d'Etat; exécution énergique des lois touchant les congrégations religieuses. Paix à la religion, mais guerre à ceux qui en trafiquent contre la sûreté de l'Etat et en auxiliaires de l'ennemi.

APPENDICE

———•———

I

DÉCLARATION DU CLERGÉ DE FRANCE
SUR LA PUISSANCE ECCLÉSIASTIQUE (19 mars 1682).

Plusieurs s'efforcent de renverser les décrets de l'Église gallicane, ses libertés qu'ont soutenues avec tant de zèle nos ancêtres, et leurs fondements, appuyés sur les saints canons et la tradition des Pères. Il en est aussi qui, sous le prétexte de ces libertés, ne craignent pas de porter atteinte à la primauté de saint Pierre et des pontifes romains, ses successeurs, institués par Jésus-Christ, à l'obéissance qui leur est due par tous les chrétiens et à la majesté, si vénérable aux yeux de toutes les nations, du siège apostolique, où s'enseigne la foi et se conserve l'unité de l'Église. Les hérétiques, d'autre part, n'omettent rien pour présenter cette puissance, qui renferme la paix de l'Église, comme insupportable aux rois et aux peuples,

et pour séparer par ces artifices les âmes simples de
la communion de l'Eglise et de Jésus-Christ. C'est
dans le dessein de remédier à de tels inconvénients
que nous, archevêques et évêques, assemblés à Paris
par ordre du roi, avec les autres députés qui représentent l'Église gallicane, avons jugé convenable,
après une mûre délibération, d'établir et de déclarer:

1° Que saint Pierre et ses successeurs, vicaires de
Jésus-Christ, et que toute l'Église même n'ont reçu de
puissance de Dieu que sur les choses spirituelles et
qui concernent le salut, et non point sur les choses
temporelles et civiles, Jésus-Christ nous apprenant
lui-même « que son royaume n'est pas de ce monde »;
et, en un autre endroit, « qu'il faut rendre à César ce
qui est à César et à Dieu ce qui est à Dieu »; et qu'ainsi
ce précepte de l'apôtre saint Paul ne peut en rien
être ébranlé ou altéré : « Que toute personne soit sou-
mise aux puissances supérieures, car il n'y a point de
puissance qui ne vienne de Dieu, et c'est lui qui
ordonne celles qui sont sur la terre; celui donc
qui s'oppose aux puissances résiste à l'ordre de Dieu. »
Nous déclarons, en conséquence, que les rois et les
souverains ne sont soumis à aucune puissance ecclésiastique par l'ordre de Dieu, dans les choses temporelles; qu'ils ne peuvent être déposés ni directement
ni indirectement par l'autorité des clefs de l'Église;
que leurs sujets ne peuvent être dispensés de la soumission et de l'obéissance qu'ils leur doivent, ou

relevés du serment de fidélité, et que cette doctrine, nécessaire pour la tranquillité publique et non moins avantageuse à l'Église qu'à l'État, doit être invariablement suivie comme conforme à la parole de Dieu, à la tradition des Pères et à l'exemple des saints.

2° Que la plénitude de puissance que le Saint-Siège apostolique et les successeurs de saint Pierre, vicaires de Jésus-Christ, ont sur les choses spirituelles, est telle, que les décrets du saint concile œcuménique de Constance dans les sessions IV et V, approuvés par le Saint-Siège apostolique, confirmés par la pratique de toute l'Église et des pontifes romains, et observés religieusement dans tous les temps par l'Église gallicane, demeurent dans toute leur force et vertu, et que l'Église de France n'approuve pas l'opinion de ceux qui donnent atteinte à ces décrets ou qui les affaiblissent, en disant que leur autorité n'est pas bien établie, qu'ils ne sont point approuvés ou qu'ils ne regardent que le temps du schisme.

3° Qu'ainsi l'usage de la puissance apostolique doit être réglé suivant les canons faits par l'esprit de Dieu et consacrés par le respect général ; que les règles, les mœurs et les constitutions reçues dans le royaume doivent être maintenues, et les bornes posées par nos pères demeurer inébranlables ; qu'il est même de la grandeur du Saint-Siège apostolique que les lois et coutumes établies du consentement de ce siège respectable et des Églises subsistent invariablement.

4° Que, quoique le Pape ait la principale part dans les questions de foi, et que ses décrets regardent toutes les Églises et chaque Église en particulier, son jugement n'est pourtant pas irréformable, à moins que le consentement de l'Église n'intervienne.

Ce sont là les maximes que nous avons reçues de nos pères; nous avons arrêté de les envoyer à toutes les Églises de France et aux évêques qui y président par l'autorité du Saint-Esprit, afin que nous disions tous la même chose, que nous soyons tous dans les mêmes sentiments, que nous suivions tous la même doctrine.

II

CONSTITUTIO DOGMATICA PRIMA DE ECCLESIA CHRISTI

PIUS EPISCOPUS

SERVUS SERVORUM DEI SACRO APPROBANTE CONCILIO AD PERPETUAM REI MEMORIAM.

Pastor æternus et episcopus animarum nostrarum, ut salutiferum redemptionis opus perenne redderet,

PIE ÉVÊQUE,

SERVITEUR DES SERVITEURS DE DIEU, AVEC L'APPROBATION DU SAINT CONCILE, POUR EN PERPÉTUER LA MÉMOIRE.

Le Pasteur éternel et l'Evêque de nos âmes, afin de rendre perpétuelle l'œuvre salutaire de la rédemption,

sanctam ædificare Ecclesiam decrevit, in qua veluti in domo Dei viventis fideles omnes unius fidei et charitatis vinculo continerentur. Quapropter, priusquam clarificaretur, rogavit Patrem non pro Apostolis tantum, sed et pro eis, qui credituri erant per verbum eorum in ipsum, ut omnes unum essent, sicut ipse Filius et Pater unum sunt. Quemadmodum igitur Apostolos, quos sibi de mundo elegerat, misit, sicut ipse missus erat a Patre : ita in Ecclesia sua Pastores et Doctores usque ad consummationem sæculi esse voluit. Ut vero episcopatus ipse unus et indivisus esset, et per cohærentes sibi invicem sacerdotes credentium multitudo universa in fidei et communionis unitate conservaretur, beatum Petrum cæteris Apostolis præ-

résolut d'édifier la sainte Eglise en laquelle, comme dans la maison du Dieu vivant, tous les fidèles seraient unis par le lien d'une même foi et d'une même charité. C'est pourquoi, avant d'être glorifié, il pria son Père, non pas seulement pour les apôtres, mais encore pour ceux qui devraient croire en lui par le moyen de leur parole, afin que tous fussent un comme le Fils lui aussi et le Père sont un.

De même donc que les apôtres qu'il s'était choisis parmi le monde furent envoyés par lui comme luimême avait été envoyé par son Père, de même il voulut qu'il y eût dans son Eglise des pasteurs et des docteurs jusqu'à la consommation des siècles. Mais, afin que l'épiscopat demeurât un et indivisible, et que la mul-

ponens in ipso instituit perpetuum utriusque unitatis principium ac visibile fundamentum, super cujus fortitudinem æternum exstrueretur templum, et Ecclesiæ cœlo inferenda sublimitas, in hujus fidei firmitate consurgeret. Et quoniam portæ inferi ad evertendam, si fieri posset, Ecclesiam contra ejus fundamentum divinitus positum, majori in dies odio undique insurgunt; Nos ad catholici gregis custodiam, incolumitatem, augmentum, necessarium esse judicamus, sacro approbante Concilio, doctrinam de institutione, perpetuitate, ac natura sacri Apostolici primatus in quo totius Ecclesiæ vis ac soliditas consistit, cunctis fidelibus credendam et tenendam, secundum antiquam atque constantem universalis Eccle-

titude de tous les croyants fût maintenue dans l'unité de foi et de communion par des prêtres unis entre eux, plaçant le bienheureux Pierre au-dessus des autres apôtres, il a institué en lui le principe perpétuel et le fondement visible de l'une et l'autre unité, pour que sur sa solidité fût construit le temple éternel, et que sur la fermeté de sa foi s'élevât l'édifice sublime de l'Eglise qui doit atteindre jusqu'au ciel. Et comme les portes de l'enfer se dressent de toutes parts, avec une haine chaque jour croissante, contre le fondement divinement établi de l'Eglise, afin de le renverser, si cela était possible, nous jugeons, le saint concile approuvant, qu'il est nécessaire, pour la sauvegarde, le salut et l'accroissement du peuple ca-

siæ fidem, proponere, atque contrarios, dominico gregi adeo perniciosos errores proscribere et condemnare.

tholique, de proposer pour être crue et tenue par tous les fidèles, conformément à l'ancienne et constante foi de l'Eglise universelle, la doctrine sur l'institution, la perpétuité et la nature de la sainte primauté apostolique, dans laquelle consiste la force et la solidité de toute l'Eglise, et de proscrire et condamner les erreurs contraires si préjudiciables au troupeau du Seigneur.

CAPUT I

DE APOSTOLICI PRIMATUS IN BEATO PETRO INSTITUTIONE.

Docemus itaque et declaramus, juxta Evangelii testimonia primatum jurisdictionis in universam Dei Ecclesiam immediate et directe beato Petro Apostolo

CHAPITRE I

DE L'INSTITUTION DE LA PRIMAUTÉ APOSTOLIQUE DANS LA PERSONNE DU BIENHEUREUX PIERRE.

Nous enseignons donc et déclarons, conformément aux témoignages de l'Evangile, que la primauté de juridiction sur toute l'Eglise de Dieu a été immédiate-

promissum atque collatum a Christo Domino fuisse. Unum enim Simonem, cui tam pridem dixerat : Tu vocaberis Cephas, postquam ille suam edidit confessionem inquiens : Tu es Christus, Filius Dei vivi, solemnibus his verbis allocutus est Dominus : Beatus es Simon Bar-Jona ; quia caro, et sanguis non revelavit tibi, sed Pater meus, qui in cœlis est : et ego dico tibi, quia tu es Petrus, et super hanc petram ædificabo Ecclesiam meam, et portæ inferi non prævalebunt adversus eam : et tibi dabo claves regni cœlorum : et quodcumque ligaveris super terram, erit ligatum et] in cœlis ; et quodcumque solveris super terram, erit solutum et in cœlis. Atque uni Simoni Petro contulit Jesus post suam resurrectionem sum-

ment et directement promise et conférée par Notre-Seigneur Jésus-Christ au bienheureux apôtre Pierre. Car c'est à Pierre seul, à qui déjà auparavant il avait dit : « Tu seras appelé Céphas, » qu'après qu'il eut confessé, disant : « Tu es le Christ, le fils du Dieu vivant, » le Seigneur adressa ces solennelles paroles : « Tu es bienheureux, Simon Bar-Jona, parce que ce n'est ni le sang ni la chair qui te l'ont révélé, mais mon Père qui est aux cieux ; et moi, je te dis que tu es Pierre, et que sur cette pierre je bâtirai mon Eglise, et que les portes de l'enfer ne prévaudront point contre elle ; et je te donnerai les clefs du royaume des cieux, et tout ce que tu lieras sur la terre sera aussi lié dans le ciel et tout ce que tu délieras sur terre sera aussi

mi pastoris et rectoris jurisdictionem in totum suum ovile, dicens : Pasce agnos meos, pasce oves meas. Huic tam manifestæ sacrarum Scripturarum doctrinæ, ut ab Ecclesia catholica semper intellecta est, aperte opponuntur pravæ eorum sententiæ, qui constitutam a Christo Domino in sua Ecclesia regiminis formam pervertentes, negant solum Petrum præ cæteris Apostolis, sive seorsum singulis sive omnibus simul, vero proprioque jurisdictionis primatu, fuisse a Christo instructum ; aut qui affirmant, eumdem primatum non immediate, directeque ipsis beato Petro, sed Ecclesiæ, et per hanc illi ut ipsius Ecclesiæ ministro delatum fuisse.

délié dans le ciel. » C'est aussi au seul Simon Pierre que Jésus, après sa résurrection, a conféré la juridiction de pasteur suprême et de guide sur tout son troupeau, en lui disant : « Pais mes agneaux, pais mes brebis, » A cette doctrine si manifeste des saintes Ecritures telle qu'elle a toujours été comprise par l'Eglise catholique, sont ouvertement contraires les maximes perverses de ceux qui, renversant la forme de gouvernement établie dans son Eglise par le Christ Notre-Seigneur, nient que Pierre seul ait été investi par le Christ d'une véritable et propre primauté de juridiction au-dessus des autres apôtres, soit séparés, soit tous réunis ; ou qui affirment que cette même primauté n'a pas été immédiatement et directement

Si quis igitur dixerit, beatum Petrum Apostolum non esse a Christo Domino constitutum Apostolorum omnium principem et totius Ecclesiæ militantis visibile caput; vel eumdem honoris tantum, non autem veræ propriæque jurisdictionis primatum ab eodem Domino nostro Jesu Christo directe et immediate accepisse; anathema sit.

conférée au bienheureux Pierre, mais à l'Eglise, et que c'est par celle-ci qu'elle lui a été transmise comme ministre de cette même Eglise.

Si donc quelqu'un dit que le bienheureux apôtre Pierre n'a pas été constitué par le Christ Notre-Seigneur prince des apôtres et chef visible de toute l'Eglise militante; ou que le même Pierre n'a reçu qu'une primauté d'honneur seulement, et non une primauté de juridiction propre et véritable, directement et immédiatement conférée par le même Jésus-Christ Notre-Seigneur; qu'il soit anathème.

CAPUT II

DE PERPETUITATE PRIMATUS BEATI PETRI IN ROMANIS PONTIFICIBUS.

Quod autem in beato

CHAPITRE II

DE LA PERPÉTUITÉ DE LA PRIMAUTÉ DE PIERRE DANS LES PONTIFES ROMAINS.

Mais il fallait que ce que

Apostolo Petro princeps pastorum et pastor magnus ovium Dominus Christus Jesus in perpetuam salutem ac perenne bonum Ecclesiæ instituit, id eodem auctore in Ecclesia, quæ fundata super petram ad finem sæculorum usque firma stabit, jugiter durare necesse est. Nulli sane dubium, imo sæculis omnibus notum est, quod sanctus beatissimusque Petrus, Apostolorum princeps et caput, fideique columna et Ecclesiæ catholicæ fundamentum, a Domino nostro Jesu Christo, Salvatore humani generis ac Redemptore, claves regni accepit : qui ad hoc usque tempus et semper in suis successoribus, episcopis sanctæ Romanæ Sedis, ab ipso fundatæ, ejusque consecratæ sanguine, vivit et præsidet et judicium exercet. Unde quicumque

le prince des pasteurs et le grand pasteur des brebis, le Seigneur Jésus-Christ, avait établi dans le bienheureux Pierre pour le salut éternel et le bien constant de l'Eglise, durât toujours par lui en elle, qui fondée sur la pierre demeurera ferme jusqu'à la fin des siècles. Il n'est certainement douteux pour personne, et c'est même un fait notoire dans tous les siècles, que, jusqu'à notre temps et toujours, le saint et bienheureux Pierre, prince et chef des apôtres, colonne de la foi et fondement de l'Eglise catholique, qui a reçu de Notre-Seigneur Jésus-Christ, sauveur et rédempteur du genre humain, les clefs du royaume, vit, règne et juge en ses successeurs les évêques du Saint - Siège de Rome établi par lui et con-

in hac Cathedra Petro suc-
cedit, is secundum Christi
ipsius institutionem primatum Petri in universam Ecclesiam obtinet. Manet ergo
dispositio veritatis, et beatus Petrus in accepta for-
titudine petræ perseverans
suscepta Ecclesiæ guberna-
cula non reliquit. Hac de
causa ad Romanam Eccle-
siam propter potentio-
rem principalitatem ne-
cesse semper fuit omnem
convenire Ecclesiam, hoc
est, eos, qui sunt undique
fideles, ut in ea Sede, e qua
venerandæ communionis
jura in omnes dimanant,
tanquam membra in ca-
pite consociata, in unam
corporis compagem coa-
lescerent.

sacré par son sang. Aussi
quiconque dans cette chaire
succède à Pierre, obtient,
selon l'institution de Jésus-
Christ lui-même, la pri-
mauté sur l'Eglise uni-
verselle. Les dispositions
établies par celui qui est la
vérité demeurent donc, et
le bienheureux Pierre,
gardant la solidité de la
pierre qu'il a reçue, n'a pas
quitté la charge du gouvernement de l'Eglise. Pour
cette raison, il a toujours
été nécessaire que toute
l'Eglise, c'est-à-dire l'uni-
versalité des fidèles répan-
dus en tous lieux, fût en
union avec l'Eglise ro-
maine, à cause de sa principauté suprême, afin que,
unis comme les membres
à leurs chefs, en ce siège
d'où se répandent sur tous
les droits d'une communion
vénérable, ils ne formassent
qu'un seul et même corps.

Si quis ergo dixerit, non esse ex ipsius Christi Domini institutione, seu jure divino, ut beatus Petrus in primatu super universam Ecclesiam habeat perpetuos successores; aut Romanum Pontificem non esse beati Petri in eodem primatu successorem; anathema sit.

Si donc quelqu'un dit que ce n'est pas en vertu de l'institution de Jésus-Christ Notre-Seigneur, ou de droit divin, que le bienheureux Pierre a, sans interruption, des successeurs dans sa primauté sur toute l'Eglise; ou que le pontife romain n'est pas dans cette même primauté le successeur du bienheureux Pierre; qu'il soit anathème.

CAPUT III

DE VI ET RATIONE PRIMATUS ROMANI PONTIFICIS.

CHAPITRE III

DE LA NATURE ET DU CARACTÈRE DE LA PRIMAUTÉ DU PONTIFE ROMAIN.

Quapropter apertis innixi sacrarum Litterarum testimoniis, et inhærentes tum Prædecessorum Nostrorum, Romanorum Pontificum, tum Conciliorum generalium disertis, perspicuisque decretis, innovamus œcumenici concilii

Nous appuyant donc sur le témoignage des saintes Ecritures et nous conformant aux savants et lumineux décrets, soit des pontifes romains nos prédécesseurs, soit des conciles généraux, nous renouvelons la définition du concile œcu-

Florentini definitionem, qua credendum ab omnibus Christi fidelibus est, sanctam Apostolicam Sedem, et Romanum Pontificem in universum orbem tenere primatum, et ipsum Pontificem Romanum successorem esse beati Petri principis Apostolorum, et verum Christi Vicarium, totiusque Ecclesiæ caput, et omnium Christianorum patrem ac doctorem existere; et ipsi in beato Petro pascendi, regendi ac gubernandi universalem Ecclesiam a Domino nostro Jesu Christo plenam potestatem traditam esse; quemadmodum etiam in gestis œcumenicorum conciliorum et in sacris canonibus continetur.

Docemus proinde et declaramus, Ecclesiam Romanam disponente Domino super omnes alias ordinariæ

ménique de Florence, qui oblige tous les chrétiens fidèles à croire que le Saint-Siège apostolique et le pontife romain tient la primauté sur tout l'univers, et que le pontife romain lui-même est successeur du bienheureux Pierre, prince des apôtres, ainsi que le vrai vicaire du Christ, le chef de toute l'Eglise, le père et le docteur de tous les chrétiens; et qu'à lui, dans le bienheureux Pierre, pleine puissance a été donnée par Notre-Seigneur Jésus-Christ de paître, régir et gouverner l'Eglise universelle, ainsi encore que cela est contenu dans les actes des conciles œcuméniques et les sacrés canons.

Nous enseignons donc et nous déclarons que l'Eglise romaine, par une disposition divine, a la primauté

potestatis obtinere principatum, et, hanc Romani Pontificis jurisdictionis potestatem, quæ vere episcopalis est, immediatam esse: erga quam cujuscumque ritus et dignitatis pastores atque fideles, tam seorsum singuli quam simul omnes, officio hierarchicæ subordinationis, veræque obedientiæ obstringuntur, non solum in rebus, quæ ad fidem et mores, sed etiam in iis, quæ ad disciplinam et regimen Ecclesiæ per totum orbem diffusæ pertinent ; ita ut custodita cum Romano Pontifice tam communionis, quam ejusdem fidei professionis unitate, Ecclesia Christi sit unus grex sub uno summo pastore. Hæc est catholicæ veritatis doctrina, a qua deviare salva fide atque salute nemo potest.

de puissance ordinaire sur toutes les Eglises, et que ce pouvoir de juridiction du pontife romain, pouvoir vraiment épiscopal, est immédiat; que les pasteurs et les fidèles, chacun et tous, quels que soient leur rite et leur dignité, lui sont assujettis par le devoir de la subordination hiérarchique et d'une vraie obéissance, non seulement dans les choses qui concernent la foi et les mœurs, mais aussi dans celles qui appartiennent à la discipline et au gouvernement de l'Eglise répandue dans tout l'univers, de sorte que, gardant l'unité soit de communion, soit de profession d'une même foi avec le Pontife romain, l'Eglise du Christ soit un seul troupeau sous un seul pasteur suprême. Tel est l'enseignement de la

Tantum autem abest, ut hæc Summi Pontificis potestas officiat ordinariæ ac immediatæ illi episcopalis jurisdictionis potestati, qua Episcopi, qui positi a Spiritu Sancto in Apostolorum locum successerunt, tanquam veri pastores assignatos sibi greges, singuli singulos, pascunt et regunt, ut eadem a supremo et universali Pastore asseratur, roboretur ac vindicetur, secundum illud sancti Gregorii Magni : Meus honor est honor universalis Ecclesiæ. Meus honor est fratrum meorum solidus vigor. Tum ego vere honoratus sum, cum singulis quibusque honor debitus non negatur.

Porro ex suprema illa Romani Pontificis potestate

vérité catholique dont nul ne peut dévier sans perdre la foi et le salut.

Mais loin que ce pouvoir du souverain pontife nuise à ce pouvoir ordinaire et immédiat de juridiction épiscopale, par lequel les évêques qui, établis par le Saint-Esprit, ont succédé aux apôtres, paissent et régissent, comme vrais pasteurs, chacun le troupeau confié à sa garde, ce dernier pouvoir est affermi, corroboré et protégé par le suprême et universel pasteur, selon la parole de saint Grégoire le Grand : « Mon honneur est l'honneur de l'Eglise universelle; mon honneur, c'est la force solide de mes frères. Je suis vraiment honoré, lorsque l'honneur dû à chacun ne lui est pas refusé. »

En outre, de ce pouvoir suprême qu'a le pontife

gubernandi universam Ecclesiam jus eidem esse consequitur, in hujus sui muneris exercitio libere communicandi cum pastoribus et gregibus totius Ecclesiæ, ut iidem ab ipso in via salutis doceri ac regi possint. Quare damnamus ac reprobamus illorum sententias, qui hanc supremi capitis cum pastoribus et gregibus communicationem licite impediri posse dicunt, aut eamdem reddunt sæculari potestati obnoxiam, ita ut contendant, quæ ab Apostolica Sede vel ejus auctoritate ad regimen Ecclesiæ constituuntur, vim ac valorem non habere, nisi potestatis sæcularis placito confirmentur.

Et quoniam divino Apos-

romain de gouverner l'Eglise universelle découle le droit qu'il possède de communiquer librement dans l'exercice de sa charge avec les pasteurs et les troupeaux de toute l'Eglise, afin qu'ils puissent être instruits et régis par lui dans la voie du salut. C'est pourquoi nous condamnons et réprouvons les opinions de ceux qui disent qu'il est permis d'intercepter cette communication du chef suprême avec les pasteurs et les troupeaux, ou qui la mettent sous la dépendance du pouvoir séculier au point d'avancer que ce qui est établi par le Saint-Siège apostolique ou par son autorité pour le gouvernement de l'Eglise n'a force et valeur que confirmé par le *placet* de la puissance séculière.

Et comme le pontife ro-

tolici primatus jure Romanus Pontifex universæ Ecclesiæ præest, docemus etiam et declaramus, eum esse judicem supremum fidelium, et in omnibus causis ad examen ecclesiasticum spectantibus ad ipsius posse judicium recurri ; Sedis vero Apostolicæ, cujus auctoritate major non est, judicium a nemine fore retractandum, neque cuiquam de ejus licere judicare judicio. Quare a recto veritatis tramite aberrant, qui affirmant, licere ab judiciis Romanorum Pontificum ad œcumenicum Concilium tanquam ad auctoritatem Romano Pontifice superiorem appellare.

Si quis itaque dixerit,

main, par le droit divin de la primauté apostolique, est à la tête de l'Eglise universelle, nous enseignons aussi et nous déclarons qu'il est le juge suprême des fidèles, et qu'on peut recourir à son jugement dans toutes les causes qui sont de la compétence ecclésiastique ; qu'au contraire, le jugement du Saint-Siège apostolique, au-dessus duquel il n'y a point d'autorité, ne peut être repris par personne et qu'il n'est permis à personne de juger son jugement. Ceux-là donc dévient du droit chemin de la vérité, qui affirment qu'il est permis d'appeler des jugements des souverains pontifes au concile œcuménique comme à une autorité supérieure au pontife romain.

Si donc quelqu'un dit

Romanum Pontificem habere tantummodo officium inspectionis vel directionis, non autem plenam et supremam potestatem jurisdictionis in universam Ecclesiam, non solum in rebus, quæ ad fidem et mores, sed etiam in iis, quæ ad disciplinam et regimen Ecclesiæ per totum orbem diffusæ pertinent ; aut eum habere tantum potiores partes, non vero totam plenitudinem hujus supremæ potestatis ; aut hanc ejus potestatem non esse ordinariam et immediatam sive in omnes ac singulas ecclesias, sive in omnes et singulos pastores et fideles ; anathema sit.

que le pontife romain n'a qu'un office d'inspection ou de direction, et non un plein et suprême pouvoir de juridiction sur l'Eglise universelle, non seulement dans les choses qui concernent la foi et les mœurs, mais aussi dans celles qui appartiennent à la discipline et au gouvernement de l'Eglise répandue dans tout l'univers, ou qu'il a seulement la principale portion et non la plénitude de ce pouvoir ; ou que le pouvoir qui lui appartient n'est pas ordinaire et immédiat, soit sur toutes les Eglises et sur chacune d'elles, soit sur tous les pasteurs et sur tous les fidèles et sur chacun d'eux ; qu'il soit anathème.

8.

CAPUT IV

DE ROMANI PONTIFICIS INFAL-LIBILI MAGISTERIO.

Ipso autem Apostolico primatu, quem Romanus Pontifex tanquam Petri principis Apostolorum successor in universam Ecclesiam obtinet, supremam quoque magisterii potestatem comprehendi, hæc Sancta Sedes semper tenuit, perpetuus Ecclesiæ usus comprobat, ipsaque œcumenica Concilia, ea imprimis, in quibus Oriens cum Occidente in fidei charitatisque unionem conveniebat, declaraverunt. Patres enim Concilii Constantinopolitani quarti, majorum vestigiis inhærentes, hanc solemnem ediderunt professionem : Prima salus est, rectæ fidei regulam custodire. Et quia non potest Domini nostri Jesu

CHAPITRE IV

DU MAGISTÈRE INFAILLIBLE DU PONTIFE ROMAIN.

Que dans la primauté apostolique sur toute l'Église qui appartient au pontife romain comme successeur de Pierre, prince des apôtres, la suprême puissance du magistère soit aussi comprise, c'est ce que ce Saint-Siège a toujours tenu, ce qui est certifié par l'usage constant de l'Église, ce qu'ont déclaré les conciles œcuméniques eux-mêmes, et surtout ceux où l'Orient s'unissait à l'Occident dans la communion de la foi et de la charité. En effet, les Pères du quatrième concile de Constantinople, marchant sur la trace des ancêtres, émirent cette profession solennelle : « Avant tout, le salut exige qu'on garde la règle

Christi prætermitti sententia discentis: Tu es Petrus,
et super hanc petram ædi-
ficabo Ecclesiam meam,
hæc, quæ dicta sunt, rerum
probantur effectibus, quia
in Sede Apostolica imma-
culata est semper catholica
reservata religio, et sancta
celebrata doctrina. Ab hujus ergo fide et doctrina
separari minime cupientes,
speramus, ut in una com-
munione, quam Sedes
Apostolica prædicat, esse
mereamur, in qua est in-
tegra et vera Christianæ
religionis soliditas. Approbante vero Lugdunensi
Concilio secundo, Græci
professi sunt : Sanctam
Romanam Ecclesiam sum-
mum et plenum primatum
et principatum super uni-
versam Ecclesiam catholi-
cam obtinere, quem se ab
ipso Domino in beato Petro
Apostolorum principe sive

de la vraie foi. Et comme
la parole de Notre-Seigneur
Jésus-Christ disant : Tu es
Pierre et sur cette pierre
je bâtirai mon Église, ne
peut être vaine, elle a été
vérifiée par les faits ; car,
dans le siège apostolique, la
religion catholique a toujours été conservée imma-
culée et la saine doctrine
toujours enseignée. Dési-
rant donc ne nous séparer en
rien de sa foi et de sa doctrine, nous espérons mériter
d'être dans cette unique
communion que prêche le
siège apostolique, en qui se
trouve l'entière et vraie
solidité de la religion chrétienne. » Avec l'approba-
tion du second concile de
Lyon, les Grecs ont pro-
fessé : « Que la sainte
Église romaine a la souveraine et pleine primauté
et principauté sur l'Église
catholique universelle,

vertice , cujus Romanus Pontifex est successor, cum potestatis plenitudine recepisse veraciter et humiliter recognoscit ; et sicut præ cæteris tenetur fidei veritatem defendere, sic et, si quæ de fide subortæ fuerint quæstiones, suo debent judicio definiri. Florentinum denique Concilium definivit : Pontificem Romanum, verum Christi Vicarium, totiusque Ecclesiæ caput et omnium Christianorum patrem ac doctorem existere ; et ipsi in beato Petro pascendi, regendi ac gubernandi universalem Ecclesiam a Domino nostro Jesu Christo plenam potestatem traditam esse.

principauté qu'elle reconnaît, en toute vérité et humilité, avoir reçue avec la plénitude de la puissance du Seigneur lui-même, dans la personne du bienheureux Pierre, prince ou chef des apôtres, dont le pontife romain est le successeur ; et de même qu'elle est tenue plus que toutes les autres de défendre la vérité de la foi, de même, lorsque s'élèvent des questions relativement à la foi, ces questions doivent être définies par son jugement. » Enfin, le concile de Florence a défini : « Que le pontife romain est le vrai vicaire du Christ, la tête de toute l'Église, et le père et docteur de tous les chrétiens, et qu'à lui, dans la personne du bienheureux Pierre, a été livré, par Notre-Seigneur Jésus-Christ, le plein pouvoir de pai-

Huic pastorali muneri ut satisfacerent, Prædecessores Nostri indefessam semper operam dederunt, ut salutaris Christi doctrina apud omnes terræ populos propagaretur, parique cura vigilarunt, ut, ubi recepta esset, sincera et pura conservaretur. Quocirca totius orbis Antistites nunc singuli, nunc in Synodis congregati, longam ecclesiarum consuetudinem et antiquæ regulæ formam sequentes, ea præsertim pericula, quæ in negotiis fidei emergebant, ad hanc Sedem Apostolicam retulerunt, ut ibi potissimum resarcirentur damna fidei, ubi fides non potest sentire defectum. Romani autem Pontifices, prout temporum et rerum conditio suade-

tre, de régir et de gouverner l'Église universelle.

Pour remplir les devoirs de cette charge pastorale, nos prédécesseurs ont toujours ardemment travaillé à propager la doctrine salutaire du Christ parmi tous les peuples de la terre, et ils ont veillé avec une égale sollicitude à la conserver pure et sans altération partout où elle a été reçue. C'est pourquoi les évêques de tout l'univers, tantôt dispersés, tantôt assemblés en synodes, suivant la longue coutume des Églises et la forme de l'antique règle, ont toujours eu soin de signaler à ce siège apostolique les dangers qui se présentaient, surtout dans les choses de foi, afin que les dommages causés à la foi trouvassent leur souverain remède là

bat, nunc convocatis œcu-
menicis Conciliis aut explo-
rata Ecclesiæ per orbem
dispersæ sententia, nunc
per Synodos particulares,
nunc aliis, quæ divina sup-
peditabat providentia, ad-
hibitis auxiliis, ea tenenda
definiverunt, quæ sacris
Scripturis et apostolicis
Traditionibus consentanea
Deo adjutore cognoverant.
Neque enim Petri succes-
soribus Spiritus Sanctus
promissus est, ut eo reve-
lante novam doctrinam pa-
tefacerent, sed ut eo assis-
tente traditam per Apostolos revelationem seu fidei
depositum sancte custodi-
rent et fideliter expone-
rent. Quorum quidem apos-
tolicam doctrinam omnes
venerabiles Patres amplexi
et sancti Doctores ortho-
doxi venerati atque secuti
sunt ; plenissime scientes,
hanc sancti Petri Sedem

où la foi ne peut éprouver
de défaillance.

De leur côté, les pontifes
romains, selon que leur
conseillait la condition des
temps et des choses, tan-
tôt en convoquant des
conciles œcuméniques,
tantôt en consultant l'Eglise
dispersée dans l'univers,
tantôt par des synodes particuliers, tantôt par d'autres moyens que la Provi-
dence leur fournissait, ont
défini qu'il fallait tenir tout
ce que, avec l'aide de Dieu,
ils avaient reconnu con-
forme aux saintes Écritu-
res et aux traditions apostoliques. En effet, aux
successeurs de Pierre le
Saint-Esprit ne fut pas pro-
mis pour qu'une nouvelle
doctrine révélée par lui fût
publiée par eux, mais afin
que, par eux, grâce à son
assistance, la révélation
transmise par les apôtres

ab omni semper errore illibatam permanere, secundum Domini Salvatoris nostri divinam pollicitationem discipulorum suorum principi factam : Ego rogavi pro te, ut non deficiat fides tua, et tu aliquando conversus confirma fratres tuos.

ou le dépôt de la foi fût gardé saintement et exposé fidèlement. Tous les vénérables Pères ont effectivement embrassé, et les saints docteurs orthodoxes ont vénéré et suivi leur doctrine apostolique, sachant parfaitement que ce siège de Pierre reste toujours exempt de toute erreur, selon cette divine promesse du Maître notre Sauveur, faite au prince de ses disciples : « J'ai prié pour toi, afin que ta foi ne défaille pas ; et toi, lorsque tu seras converti, confirme tes frères. »

Hoc igitur veritatis et fidei nunquam deficientis charisma Petro ejusque in hac Cathedra successoribus divinitus collatum est, ut excelso suo munere in omnium salutem fungerentur, ut universus Christi grex per eos ab erroris

Cette grâce de la vérité et de la foi qui ne faillit pas a été divinement accordée à Pierre et à ses successeurs dans cette chaire, pour qu'ils remplissent leur haute charge pour le salut de tous, afin que par eux tout le troupeau du Christ,

venenosa esca aversus, cœ-
lestis doctrinæ pabulo nu-
triretur, ut sublata schis-
matis occasione Ecclesia
tota una conservaretur,
atque suo fundamento in-
nixa firma adversùs inferi
portas consisteret.

At vero cum hac ipsa
ætate, qua salutifera Apostolici muneris efficacia vel
maxime requiritur, non
pauci inveniantur, qui il-
lius auctoritati obtrectant;
necessarium omnino esse
censemus, prærogativam,
quam unigenitus Dei Filius
cum summo pastorali offi-
cio conjungere dignatus
est, solemniter asserere.

Itaque Nos traditioni a
fidei Christianæ exordio
perceptæ fideliter inhæ-
rendo, ad Dei Salvatoris
nostri gloriam, religionis
catholicæ exaltationem et

tenu loin des pâturages
empoisonnés, eût pour
nourriture la doctrine cé-
leste; et que, l'occasion
de schisme étant enlevée,
toute l'Église demeurât
une, et que, appuyée sur son
fondement, elle résistât
inébranlablement aux por-
tes de l'enfer.

Mais parce que, dans le
temps même où nous som-
mes, ce temps où plus que
jamais la salutaire efficacité du pouvoir apostolique
est nécessaire, on trouve,
et non en petit nombre,
des hommes qui combat-
tent son autorité, nous jugeons tout à fait nécessaire
d'affirmer solennellement
la prérogative que le Fils
unique de Dieu daigna
joindre à l'office suprême
de pasteur. C'est pourquoi
nous attachant fidèlement
à la tradition reçue dès
l'origine de la foi chré-

Christianorum populorum salutem, sacro approbante Concilio, docemus et divinitus revelatum dogma esse definimus : *Romanum Pontificem, cum ex Cathedra loquitur, id est, cum omnium Christianorum Pastoris et Doctoris munere fungens, pro suprema sua Apostolica auctoritate doctrinam de fide vel moribus ab universa Ecclesia tenendam definit, per assistentiam divinam, ipsi in beato Petro promissam, ea infallibilitate pollere, qua divinus Redemptor Ecclesiam suam in definienda doctrina de fide vel moribus instructam esse voluit; ideoque ejusmodi Romani Pontificis definitiones ex sese, non autem ex consensu Ecclesiæ irreformabiles esse.*

tienne, pour la gloire de Dieu notre Sauveur, pour l'exaltation de la religion catholique, pour le salut des peuples chrétiens, avec l'approbation du saint concile, nous enseignons et définissons que c'est un dogme révélé de Dieu : Que lorsqu'il parle *ex cathedra,* c'est-à-dire que lorsque, remplissant l'office de pasteur et docteur de tous les chrétiens, le Pontife romain, en vertu de sa suprême autorité apostolique, définit qu'une doctrine touchant la foi et les mœurs doit être crue par toute l'Église, jouit pleinement, par l'assistance divine qui lui a été promise dans la personne du bienheureux Pierre, de cette infaillibilité dont le divin Rédempteur a voulu que son Église fût pourvue en définissant la doctrine tou-

Si quis autem huic Nostræ definitioni contradicere, quod Deus avertat, præsumpserit ; *anathema sit.*

Datum Romæ in publica Sessione in Vaticana Basilica solemniter celebrata anno Incarnationis Dominicæ millesimo octingentesimo septuagesimo ; die decima octava Julii.

Pontificatus Nostri anno vigesimo quinto.

Ita est.

JOSEPHUS,
Episcopus S. Hippolyti ;
secretarius Concilii Vaticani.

chant la foi ou les mœurs, et, par conséquent, ces définitions du Pontife romain, par elles seules, et non pas en vertu du consentement de l'Église, sont irréformables.

Que si quelqu'un, ce qu'à Dieu ne plaise, avait la témérité de contredire notre définition ; qu'il soit anathème.

Donné à Rome, en session publique célébrée solennellement dans la basilique Vaticane, l'an de l'Incarnation du Seigneur mil huit cent soixante-dix, le dix-huitième jour de juillet, de notre pontificat l'année vingt-cinquième.

C'est ainsi.

JOSEPH,
Évêque de Saint-Hippolyte,
secrétaire du Concile du Vatican.

TABLE DES MATIÈRES

Seconde partie. — Les articles organiques annexés au Concordat de 1801. — Texte officiel de ces articles. — Objections contre ces mêmes articles. — Rédigés par un seul des contractants, sans la participation de l'autre. — Entachés de fraude et d'incompétence. — Constituent un excès de pouvoir de la part de l'autorité civile. — Dérogation à plusieurs d'entre eux par cette même autorité. — Désuétude des deux tiers. — Droits essentiels de l'Etat indépendants des articles organiques. — Prétentions exorbitantes de la papauté relativement au temporel. — Pratique de l'Eglise à cet égard à l'époque du moyen âge. — Par quels moyens l'Etat a-t-il réussi à se dégager de l'étreinte théocratique ? Par le droit sur la réception des bulles et par les appels comme d'abus. — Ces deux droits, sous la forme qui leur a été donnée par la loi organique, ont-ils conservé leur efficacité ? Preuves du contraire. — D'après la nouvelle doctrine, les bulles dogmatiques et les décrets disciplinaires du Pape obligent indépendamment de toute réception par l'Etat. — Dangers de cette doctrine. — Contraire aux anciens canons et aux principes mêmes de la législation canonique. — Le droit de vérification et d'*exequatur* indispensable à la sûreté de l'Etat et reconnu à toutes les époques de l'histoire ecclésiastique jusqu'à ces derniers temps. — Forfaiture moderne à cet égard. — Antagonisme entre la société religieuse et la société civile provoquée par cette forfaiture. — Le cléricalisme et le parti clérical. — Le gouvernement républicain, hostile à ce parti, son ennemi, ne l'est ni à la religion ni à l'Eglise. — Responsabilités de l'épiscopat dans la lutte actuelle des deux pouvoirs. — Complicité des gouvernements dans le mal qui s'est fait. — Faiblesse de celui de la République, au moment présent, et nécessité d'une affirmation plus énergique des droits de l'Etat. — De l'article XXIV de la loi organique. — Cet article implique le maintien comme loi de l'Etat de la déclaration, aujourd'hui hérétique, de 1682. — Le fait devenu

Paris. — Imprimerie de Ch. Noblet, 13, rue Cujas. — 7191

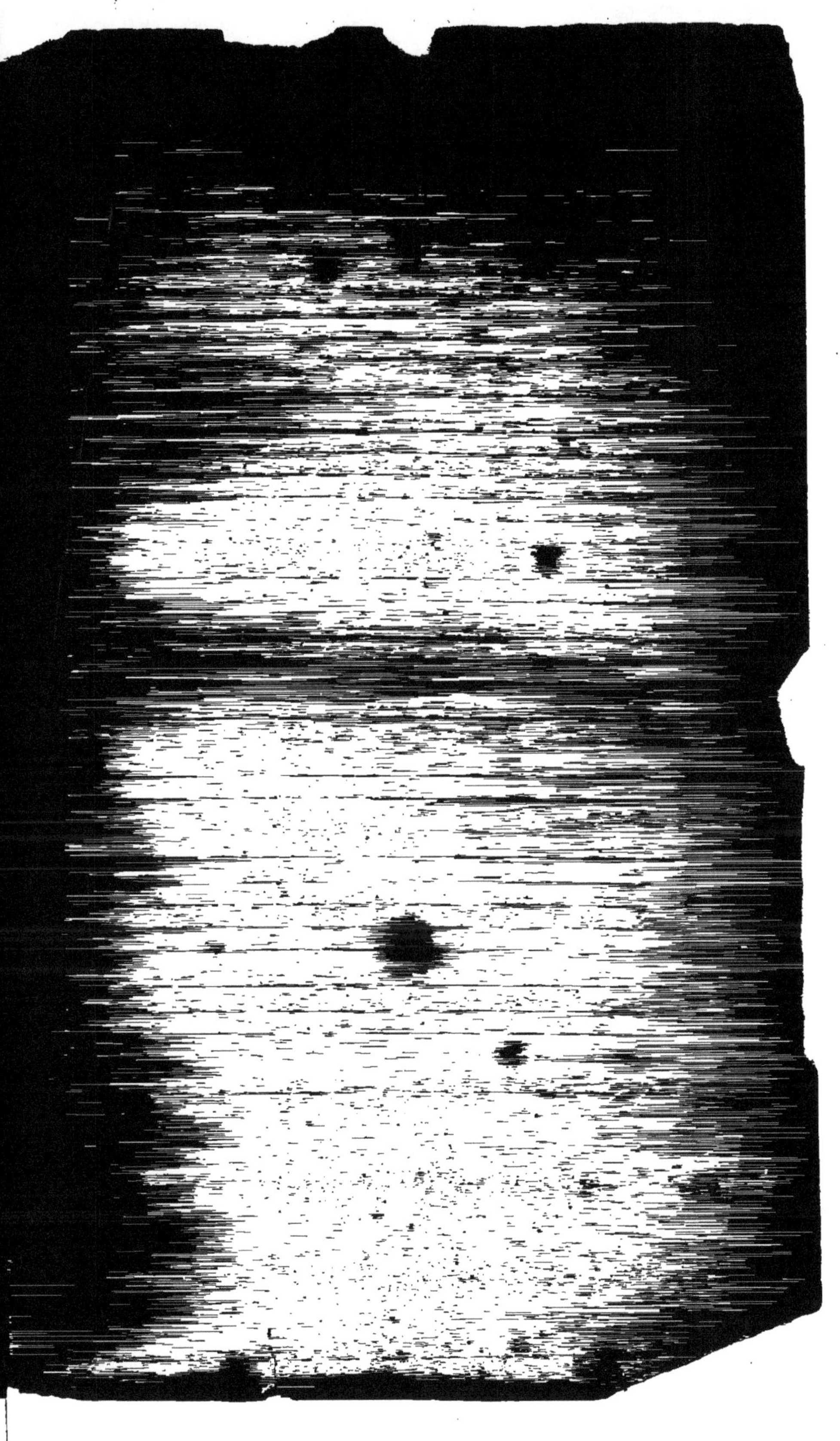

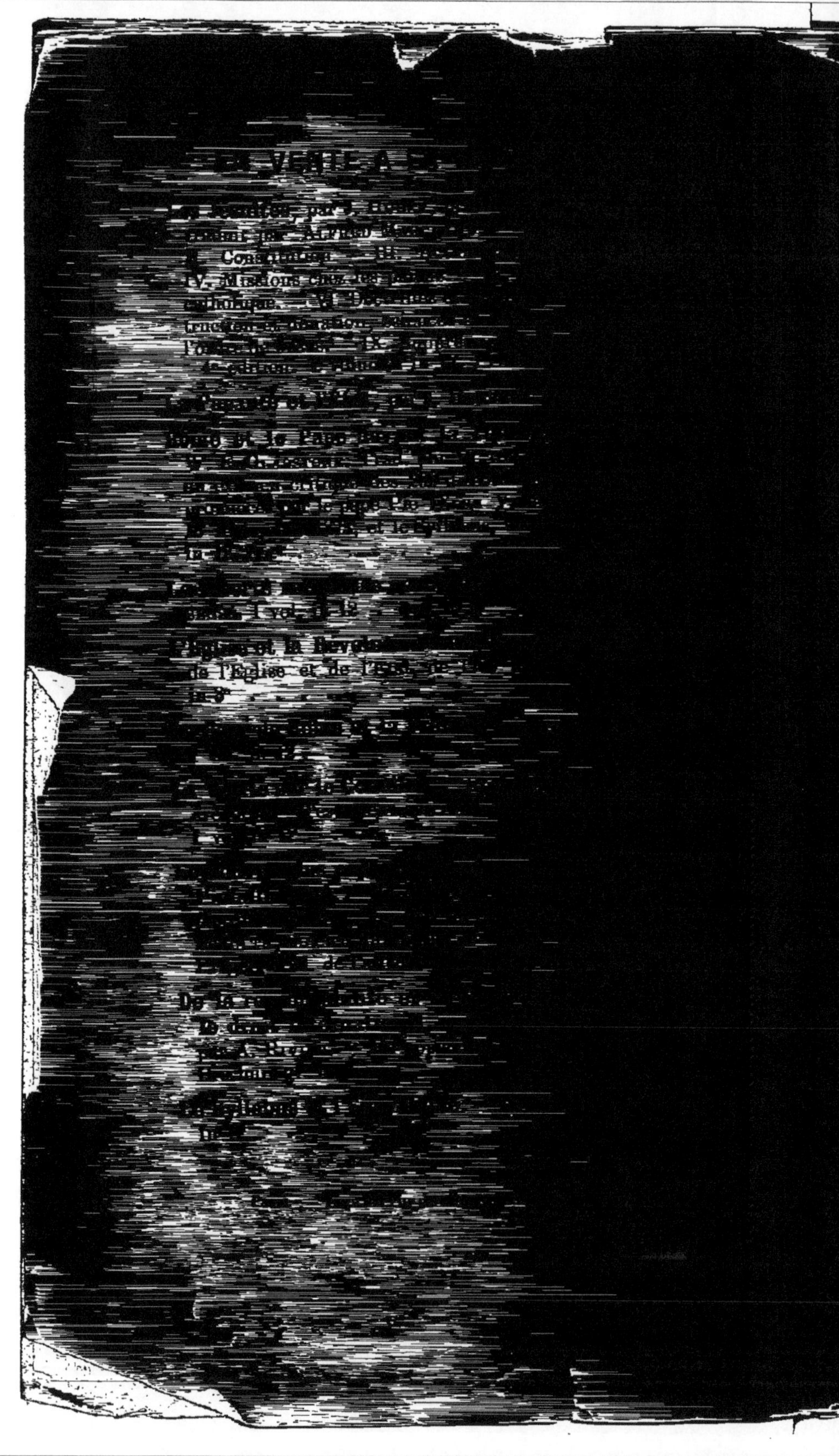

www.ingramcontent.com/pod-product-compliance
Ingram Content Group UK Ltd.
Pitfield, Milton Keynes, MK11 3LW, UK
UKHW022348090726
13658UKWH00002B/537